El caso Almería

El caso Almería

¡Aquí no ha pasado nada!

Antonio Torres Flores

Prólogo
Rafael Quirosa-Cheyrouze y Muñoz

edual   editorial
UNIVERSIDAD
DE ALMERÍA

Para Marisa y Antonio

AGRADECIMIENTOS

A las familias de Juan Mañas Morales, Luis Cobo Mier y Luis Montero García y al coraje de María Morales (El Alquián, 1936-Pechina, 2023) que luchó hasta el último aliento por la memoria de su hijo y agradecimiento para la memoria del abogado acusador Darío Fernández Álvarez (Santa Fe de Mondújar, 1939- Almería, 2021).

Y al esfuerzo profesional ante tanta presión de los periodistas Antonio Ramos Espejo (Alhama de Granada, 1943-Sevilla, 2023), Miguel Ángel Blanco Martín, Pedro Manuel de la Cruz Alonso, Diego Miguel García Morel (Almería, 1943-2019), José María Granados de Torres, Luis Miguel Martínez, Javier Torrontegui y Pity Alarcón (única mujer en la vista oral) y Manuel Gutiérrez Navas, el periodista más joven que abordó la tragedia.

Todos ellos fueron los que más estuvieron inspirándome desde que di las primeras informaciones. Después se sumaron decenas de colegas.

El caso Almería. ¡Aquí no ha pasado nada!
© de los textos:
Antonio Torres Flores

© de la edición:
Editorial Universidad de Almería 2025
3ª impresión: enero 2026
editorial@ual.es
www.ual.es/editorial
Telf: 950 015580

Isbn: 978-84-1351-342-3
Depósito legal: AL 6254-2025
Diseño y maquetación: Jesús C. Cassinello
Imprime: Escobar Impresores, S.L. – El Ejido (Almería)

Unión de Editoriales
Universitarias Españolas
www.une.es

*Esta editorial es miembro de la UNE, lo que garantiza
la difusión y comercialización de sus publicaciones a
nivel nacional e internacional*

Contenido

PREFACIO

Ángel Miguel Roldán Molina

Perseverar en la negligencia y el error. Esa fue la contumaz y maligna actitud en una cadena de agravios cometidos por algunos miembros de la Guardia Civil el 10 de mayo de 1981. El resultado, una tragedia inmensa, con tres muertos inocentes que fueron confundidos con terroristas y cuyos derechos básicos fueron ninguneados, hiriendo severamente, de paso, la incipiente democracia española. Han pasado más de cuatro décadas y, como veremos, la herida sigue abierta

La Guardia Civil representa una fuente de auxilio a la que siempre acudimos cuando nos apremia una emergencia. No obstante, aquel fatídico día, algunos de sus miembros escribieron, debido a su manifiesta incompetencia, y a una praxis autoritaria al margen de la ley, un capítulo negro en aquella débil época de la transición democrática en España, llevando la tristeza para siempre a tres familias, y a todas las personas que tan afectadas e indefensas se sintieron.

Cierto es que ocurren, a veces, tropelías cometidas por personas individuales de diversos estamentos de la sociedad, y más notoriamente en aquellos con más responsabilidad y reconocimiento. Y, sin embargo, no por ello señalamos con el dedo fácil a todo un gremio. Como veremos, incluso el propio abogado de la acusación particular, Darío Fernández, acometió contra algunos miembros de su propio gremio, abogados, jueces e incluso periodistas. No por eso todo un estamento está descalificado.

En el entorno sociopolítico de aquél momento se daba con asiduidad que pistoleros de la banda terrorista y mafiosa ETA mataban retrógrada y absurdamente, día sí día no, por la espalda

15

y con un tiro en la nuca, a simples personas humildes y trabajadoras por el simple hecho de llevar un uniforme con el que servir a la sociedad y ganarse el pan. Por tanto, ETA fue también instigadora secundaria, aunque sea residualmente, de instalar la paranoia, el rencor y la irracional sed de venganza en las castigadas fuerzas de seguridad del Estado que tanto la sufrieron.

Sin embargo no sirve en absoluto de excusa. No fueron terroristas, sino algunos supuestos defensores del orden quienes realizaron un juicio sumarísimo y furtivo a tres humildes trabajadores inocentes a los que torturaron, mataron y, finalmente, desdibujaron como fantasmas del mal con pruebas inverosímiles y pretextos pueriles.

Hubiera bastado con aplicar pertinentemente la autoridad y los protocolos policiales para haber evitado el funesto despropósito. Incluso en el caso de que hubiesen detenido realmente a aquellos terroristas que buscaban, deberían haber aplicado las más básicas normas que garantizaran la integridad física y los derechos humanos inalienables a toda persona.

Este libro representa una revisión histórica, una obra de periodismo responsable, y una referencia definitiva e imprescindible para la investigación futura, fidedigna y documentada de la memoria neutra y fehaciente, con las mínimas connotaciones políticas, corporativistas o sectarias e hilado con una fluida narración.

Se equivoca quien piense en este libro como una revancha acusatoria o un argumento político arrojadizo, el que sea. Y se equivoca también, finalmente, quien piense que esta publicación va a dejar satisfecha, o todo lo contrario, su necesidad de prejuicios ideológicos.

Este libro no es un arma, no ataca ni defiende. Expone libremente sin tapujos ni medias verdades los hechos, lo que ocurrió y lo que no, bajo la mirada de un periodista exhaustivo que posee la credibilidad amasada tras una extenuante carrera profesional sin parangón en Almería.

Antonio Torres es una pluma autorizada, testigo e investigador directo de aquel suceso. Un reportero de los de antes, que se mancha los zapatos, literalmente, para obtener información, que narra incluso las anécdotas y hábiles prácticas de los periodistas de antaño, que debían acudir a labores detectivescas, como trepar una tapia para observar a hurtadillas la morgue del cementerio.

Esta publicación sirve igualmente como homenaje a los primeros periodistas que descubrieron las entrañas verdaderas del suceso e hicieron un trabajo excelente con rigor y veracidad.

Pero sobre todo, y como dice Torres, es un acto de justicia, dignidad y cariño a la memoria de Juan Mañas, Luis Cobo y Luis Montero. Ojalá sirva a sus familias, después de tantas décadas, como mínimo homenaje póstumo con una pizca de restitución humana, moral y legal.

PRÓLOGO:
VIOLENCIA EN LA TRANSICIÓN:
VÍCTIMAS EN EL SUR

Rafael Quirosa-Cheyrouze y Muñoz[1]

Uno de los rasgos que definen la interpretación laudatoria de la Transición es el de su carácter pacífico. Es un argumento que los lectores de este libro habrán oído en multitud de documentales audiovisuales o en programas de radio y televisión, incluso habrán podido leer en libros de Historia o en artículos periodísticos. La amplia divulgación de este relato interesado del proceso de cambio político en España, que incluye el protagonismo casi exclusivo de elites institucionales procedentes de la dictadura, quedando los ciudadanos como unos serenos y pasivos espectadores, y un carácter modélico —para algunos exportable—, está muy presente en la sociedad, por lo que no es fácil plantear ni siquiera una matización.

Pero las investigaciones de los historiadores no dejan lugar a dudas. Como detalladamente ha analizado la profesora Sophie Baby (Universidad de Bourgogne, Francia), en la etapa que se produjo el tránsito del franquismo a la democracia, la violencia política fue un actor permanente en el proceso y sus efectos condicionaron las expectativas de cambio. Quienes estén leyendo estas líneas, al margen de la generación a la que pertenezcan, habrán pensado ya en el terrorismo practicado por la organización independentista vasca Euskadi Ta Askatasuna, más conocida por sus siglas: ETA. Sin ningún tipo de reservas, los integrantes de esta banda criminal, en sus distintas versiones y grupos,

---

1 Catedrático de Historia Contemporánea. Universidad de Almería.

protagonizaron los hechos violentos más destacados, tanto en número de acciones como en víctimas producidas. Lamentablemente, sus atentados no acabaron al finalizar la Transición y han estado presentes en nuestra democracia consolidada durante varias décadas, hasta su derrota definitiva por los distintos actores del Estado de Derecho.

Pero la violencia no solo fue practicada por los comandos de ETA. Existían otros grupos que entendían esta actividad como parte de su estrategia para alcanzar supuestos objetivos políticos. En la extrema izquierda, en los últimos años de la dictadura franquista estuvo actuando el denominado Frente Revolucionario Antifascista y Patriota (FRAP) y, en ese mismo horizonte marxista-leninista, hay que situar desde 1975 a los Grupos de Resistencia Antifascista Primero de Octubre (GRAPO), nombre dedicado a la fecha en la que se cometieron cuatro atentados en Madrid, aunque no había sido el primero protagonizado por miembros de esta organización. Paralelamente, en el ámbito del nacionalismo periférico independentista, actuaban grupos como Terra Lliure en Cataluña o el Movimiento por la Autodeterminación e Independencia del Archipiélago Canario (MPAIAC), aunque con una presencia más aislada en la dinámica política del momento.

En el espacio ideológico diametralmente opuesto, al menos en teoría, se situaban los sectores que se oponían al proceso de cambio político, propugnando la continuidad del franquismo. Aquí podemos señalar a una constelación de pequeñas organizaciones, como los Guerrilleros de Cristo Rey, el Círculo Español de Amigos de Europa (CEDADE) o la Alianza Apostólica Anticomunista (Triple A), que emplearon la violencia en manifestaciones callejeras o en atentados contra personas vinculadas a sectores izquierdistas. En un primer momento, estos activistas de extrema derecha, incluidos los vinculados a Falange y Fuerza Nueva, fueron muy consentidos por los responsables policiales que, no en vano, también procedían de la dictadura. Conforme avanzó la Transición, estos grupos ultras dejaron de tener progresivamente la cobertura institucional y sus actividades fueron más perseguidas por policías y jueces. En este sentido, el fin del Gobierno de Arias ya supuso un paso positivo, aunque no de forma inmediata.

Un grupo singular era el denominado Batallón Vasco Español, en este caso para colaborar con la guerra sucia que ya se llevaba a cabo desde instancias gubernamentales contra ETA y que más tarde, ya con los socialistas en el poder y finalizada la Transición, continuó con los Grupos Antiterroristas de Liberación (GAL). Se trataba de comandos que intentaban combatir a los etarras con sus mismas armas, aunque sus destinatarios no solo fueron terroristas sino otras personas vinculadas al movimiento abertzale, tanto en el País Vasco situado en las provincias españolas como en Iparralade (Francia), o a otras organizaciones izquierdistas.

Y a toda la actividad violenta protagonizada por grupos políticos organizados, con mayor o menor apoyo en la sociedad, debemos unir las acciones procedentes de individuos dependientes del propio Estado. Las fuerzas de orden público, integrada por miembros de la Policía Armada, la Guardia Civil y el Cuerpo General de Policía, protagonizaron actuaciones que causaron la muerte o graves lesiones a ciudadanos, ya fuera por el uso de armas de fuego en protestas o en disparos realizados en distintos servicios. En este sentido, la falta de medios antidisturbios modernos, o su uso inadecuado, también contribuyó a que los efectos de las actuaciones fueran más graves. Pero no hay que olvidar que la violencia policial, asimismo, se manifestó en la aplicación de la tortura sobre detenidos políticos o delincuentes comunes, sin que hubiera ningún tipo de garantías sobre su seguridad y derechos. Inicialmente al menos, la legislación heredada del franquismo facilitaba los excesos, a pesar de las crecientes protestas de las víctimas en sede judicial. Así, se hicieron tristemente famosos los integrantes de la llamada Brigada Político-Social y las «fatídicas caídas» de miembros de las fuerzas de Orden Público en persecuciones contra «grupos subversivos», con la fatalidad de que terminaban con víctimas mortales. Por ello, como consecuencia lógica de los primeros pasos reformistas aprobados en el Gobierno, ya preocupado por un sincero proceso democratizador que fuera creíble dentro y fuera de España, la impunidad fue mermando en esas acciones policiales.

La violencia también fue protagonizada por el Ejercito, primero como fuerza coercitiva que limitaba las opciones de cambio, y posteriormente por su participación en los intentos de golpe de Estado llevados a cabo durante los años de la Transición. Por su trascendencia, sin duda, todos recordamos la acción protagonizada por el teniente coronel Antonio Tejero Molina el 23 de febrero de 1981 al asaltar el Congreso de los Diputados en plena sesión de debate para la elección del presidente del Gobierno, tras haber dimitido Adolfo Suárez pocas semanas antes. Sin embargo, el plan más cruento estaba previsto para la acción programada para el 27 de octubre de 1982, víspera de las elecciones generales que dieron la victoria al Partido Socialista Obrero Español, aunque en esta ocasión fue desactivado por los servicios de inteligencia y sus promotores detenidos y condenados.

Finalmente, hay que recordar que hubo otros sectores relacionados con la violencia en estos años, ya fuera por acción u omisión. Así, por ejemplo, podemos citar a personas pertenecientes a la Organización Sindical Española (los conocidos sindicatos verticales), y a tribunales de justicia, medios de comunicación u otros organismos del Estado, si bien hay que incidir en que nos referimos a grupos minoritarios a la altura de la segunda mitad de los años 70.

Con este recorrido histórico, necesariamente breve, he querido destacar la presencia de la violencia en la Transición y, al mismo tiempo, situar el contexto en el que se desarrollan las páginas que siguen a este prólogo. La obra que firma Antonio Torres, dedicada al denominado «Caso Almería», no se puede entender si no tenemos en cuenta todos estos antecedentes. Además, la cercanía cronológica al 23-F, que había ocurrido dos meses y medio antes, así como el protagonismo de miembros de la Guardia Civil en ambos sucesos, no deben pasar desapercibidos a la hora de analizar lo ocurrido. Y, si el atentado de ETA contra el general Valenzuela fue el desencadenante de la criminal actuación dirigida por el teniente coronel Castillo Quero, en un ambiente muy caldeado por el aumento de la actividad terrorista, la posterior acción de la Justicia, que solo encausó al responsable de la Comandancia, al teniente ayudante y al guardia conductor, cuando en los hechos habían intervenido más miembros de la Benemérita, pone de manifiesto los temores vigentes en una todavía no consolidada democracia.

Pero toda obra literaria, ya sea de ficción, de ensayo, periodística, incluso firmada por un historiador, es deudora de su autor. En este caso, Antonio Torres Flores demuestra lo que ha sido durante su ya prolongada vida profesional: un periodista de raza, un hombre que sigue la noticia y se compromete con ella hasta lo más profundo, sobre todo cuando se trata de una causa justa. Y es que los crímenes del caso, perpetrados hace más de cuatro décadas, constituyen un borrón para el Estado, porque fueron funcionarios público los que lo cometieron, y otro para la Justicia española, porque resolvió el delito de una manera insuficiente.

Finalmente, junto al compromiso personal y profesional, nuestro autor también demuestra su faceta de investigador vinculado a la vida universitaria; no en vano realizó una tesis doctoral con un trabajo pionero sobre la historia de la radio e imparte clases en el Máster en Comunicación Social de la Universidad de Almería. Así, Antonio Torres busca el rigor en los datos y cotejar sus recuerdos como periodista de la época con otras fuentes que los avalen y completen. En esta línea, el libro es una fuente permanente de memoria e información del mismo momento en el que estaban produciendo los acontecimientos.

Y no quiero extenderme más, sobre todo porque deseo que lean el trabajo que se narra en las páginas siguientes. Sí quiero reiterar la necesidad de que estos hechos no sean olvidados, primero porque muchos lo consideramos un caso abierto, y porque al rememorar la Historia de aquellos años, tantas veces celebrada, hay decir que también tuvo sus páginas negras, sin duda dolorosas para quienes las sufrieron.

1

EL CASO ALMERÍA.
¡AQUÍ NO HA PASADO NADA!

Circulaba despacio porque vio un resplandor, y después las llamas que sobresalían del barranco a la carretera. Inmediatamente paró el coche y, cuando iba a bajarse, una persona que se identificó como miembro de la Guardia Civil le indicó que continuara. Ofreció un extintor, pero la respuesta fue tajante: «Los heridos han sido evacuados. Usted márchese. Aquí no ha pasado nada».

Continuó entonces la marcha junto a sus acompañantes, pescadores deportivos que iban a una competición dominical. No tenían ni idea de que fueron testigos de uno de los sucesos más dramáticos de la transición española, ni de que tendrían que declarar en un juicio mediático un año después.

Ciertamente esos heridos fueron evacuados por la tarde, calcinados e irreconocibles, al cementerio de Almería para practicarles las autopsias. Antes, sobre las siete de la mañana del 10 de mayo de 1981, ya había acabado el calvario físico y trato denigrante sufrido por tres jóvenes que tenían una vida por delante. También empezaba una injusticia inmensa que aún perdura. En mi crónica del viernes 15 de mayo, página cinco, de *Diario 16* informé de la indignación en Almería por cómo se «despacharon» a esos ciudadanos, y adelanté la noticia de que Darío Fernández aceptó ser el abogado acusador que actuó en nombre de las familias de los tres jóvenes. En la vista oral, los cinco pescadores reiteraron que un guardia civil de paisano les impidió colaborar en la extinción del fuego.

Cuando sonó el teléfono, el teniente coronel retirado Guillén Vivancos se sobresaltó. Hubo un tiempo en el que las llamadas intempestivas eran habituales, pero no desde que cambió el uniforme por la toga y los ritmos pausados de la abogacía. Quien le llamaba con voz agitada era Carlos Castillo Quero, jefe de la Comandancia de la Guardia Civil. Vivancos tardó solo unos minutos en recorrer los escasos trescientos metros que separaban su domicilio familiar de la Comandancia de Almería. Cuando llegó, se encontró al responsable máximo de la Benemérita en la provincia acostado, temblando en medio de una crisis de ansiedad desoladora. Tal vez era el síntoma delator de su conciencia, que sabía que su incalificable negligencia había costado tres vidas inocentes de manera terrorífica[1].

Castillo Quero hubiera querido retraer el reloj algo más, al menos 12 horas, a la tarde del sábado 9 de mayo. Los tres jóvenes se quedaron estupefactos, sin capacidad de reacción, cuando al salir de una tienda de regalos en la Urbanización de Roquetas de Mar fueron detenidos a punta de pistola: «¡Alto! ¡Manos arriba!» les pusieron contra el cristal del escaparate. La dueña del establecimiento se quedó helada: «Yo nunca pensé que aquellos chicos podían ser terroristas. No hicieron nada por escapar, al contrario. No les encontraron nada». Nada, salvo las llaves de un Ford Fiesta, ese coche maldito que alquilaron en Alcázar de San Juan, cuando el destino ayudó a la confusión.

Parte de la historia negra de España se vivió en 1981, con una democracia sitiada por un intento de golpe de Estado ocurrido meses antes, por el terrorismo de ETA y GRAPO que bañaba de sangre el país, y por unas fuerzas de seguridad todavía imbuidas en algunas prácticas opacas. La fatalidad alimentó el fuego de la confusión. ETA había cometido un atentado en Madrid unos días antes con el objetivo de asesinar al teniente general Joaquín

---

1   De la Cruz, Pedro M., «El caso Almería y la memoria del general», *La Voz de Almería*, 18 de noviembre de 2001, p, 3.

Valenzuela. Murieron tres militares, y el general y otras veinte personas resultaron heridas. Otro sangriento atentado de los muchos que sufría España en aquellos años. Las fuerzas de seguridad divulgaron enseguida las fotos robot de los tres presuntos terroristas. Eran tres y eran jóvenes, como Juan y los dos Luises que en aquellos momentos iban camino de Almería en un Seat 127. El viaje se había iniciado en Santander, la tarde del jueves día 7 de mayo, con ese coche propiedad de Luis Cobo, uno de los fallecidos.

Pero otra casual fatalidad ocurrió cuando este vehículo se averió en El Provencio (Cuenca), cerca de Manzanares. Tras la avería, decidieron ir hasta Alcázar de San Juan (Ciudad Real) para alquilar un coche y continuar su ruta hasta Pechina. Así lo hicieron, dando todo tipo de detalles del motivo de su viaje a la empleada que les gestionó todos los trámites para poder alquilar el vehículo y reemprender la marcha rumbo a tierras almerienses a lomos de un Ford Fiesta. ¿Daría tantos detalles un comando terrorista? Se preguntan a día de hoy todavía los familiares y amigos de los tres muchachos. El agente comercial Juan Antonio Oliva fue la persona involuntaria clave para que empezara el rosario de la sin razón, ya que denunció a la policía y declaró en la vista oral como testigo para lamentarse: «De verdad yo denuncié», destacó Oliva, «porque estaba en la certeza de que se trataba de los terroristas Mazusta y Bericiartúa». Las fotos de estos se publicaron en *El País*, un día después de que los tres jóvenes pasaran por la estación de Alcázar de San Juan, el 8 de mayo. Dos de los infortunados preguntaron a varios taxistas que dónde podían alquilar un coche sin conductor. La denuncia de Oliva se puso sobre las dos de la tarde. La dueña del Ford Fiesta verde alquilado en Viajes Dian de Manzanares, con matrícula CR-1625-D, Luisa Galiano, lo único que comunicó fue que el destino era Almería, cuando varios agentes les preguntaron.

También le mostraron fotos de etarras, pero Luisa señaló que no les encontraba parecido con los tres jóvenes.

«Señores, ¿qué hacen en Almería y a qué han venido? Esta pregunta nunca se les formuló a los detenidos. De haberse realizado, como mandan los protocolos básicos de una investigación, y más en una acusación tan grave como la de terrorismo, se hubiera podido evitar el drama. La pregunta, en cambio, se convirtió en retórica y capciosa, cuando la hizo el fiscal en el juicio posterior, en forma reprobatoria a los acusados, para revelar ante el juez el tamaño de la negligencia. Los detenidos no tuvieron la más mínima posibilidad ante los miembros de la Benemérita involucrados. Ni siquiera la opción de identificarse. Tres amigos, dos de Santander y uno de Almería, invitados por este último a la Primera Comunión del hermano. Era además la excusa para enseñarles la ciudad.

En 1981 Francisco Javier Mañas tenía nueve años cuando desapareció su hermano Juan. Lo esperaba ansioso para darle un abrazo en su Primera Comunión. Su hermano era su héroe. Recuerda que cambió la petición que iba a hacer en misa. Tenía escrito que deseaba el aumento de los sacerdotes para difundir la religión, y dijo en cambio que quería que apareciera su hermano, ante la sorpresa del cura que oficiaba el Sacramento.

Tristemente, aquellos guardias civiles se obcecaron con la idea de que los tres muchachos no podían ser sino terroristas, y no cabía otra opción en el nublado de su entendimiento. ¿Para qué perder el tiempo con preguntas o identificaciones? Tenían que serlo por fuerza. Se mantuvieron con brazo firme y perseveraron en un error trágico. Solo uno de los detenidos se atrevió a preguntar qué pasaba, justo en el momento de la detención, a lo que un guardia le espetó que se callara.

La barbarie comenzó con la detención en Roquetas de Mar, y continuó con su traslado a la comandancia de la Guardia Civil. Después, el destino de los jóvenes se perdió en el silencio, la mentira, la ocultación de pruebas y el engaño. Optaron por urdir una coartada imposible, una treta tan burda que solo consiguió aumentar el dolor de sus familias y la indignación de la sociedad durante años. El relato oficial mantendrá, sin un mínimo de consistencia, que los tres jóvenes trataron de huir cuando iban en la parte de atrás del vehículo, y en esa maniobra se produjo un tiroteo, el coche cayó por un barranco y se incendió. Funcionó en los primeros momentos de confusión, con un parte gubernamental que anunciaba vergonzosamente, o con una supina ignorancia, la detención de tres terroristas y su muerte en un intento de huida. Hubiera sido más fácil admitir con humildad y contrición el error de proporciones infinitas, cargar con dignidad el peso de la justicia, y admitir la responsabilidad, tal como corresponde con ese uniforme. Al menos, no hubieran perpetuado el sufrimiento de sus familias, hundidas en años de búsqueda de la verdad, el reconocimiento y la mínima reparación.

Juan Mañas, Luis Cobo y Luis Montero fueron obligados a desempeñar hasta el último suspiro el papel de tres etarras, incluso después de sus violentas muertes. El inverosímil guion de la película describía un Ford Fiesta con tres detenidos, esposados en el asiento de atrás, que subía descontrolado la pendiente. Los malos se fugaban a toda prisa, pero allí estaban Castillo Quero y Gómez Torres con sus subfusiles Z-62, abriendo fuego a ráfagas cortas y continuas, y el número Fernández Llamas, con su pistola reglamentaria, disparando a dos, tres o cuatro metros del vehículo que se escapaba. Los disparos alcanzan mortalmente a los detenidos y el coche envuelto en llamas cae por el terraplén de ocho metros de desnivel hasta pararse junto a las higueras secas al pie del barranco.

La única parte creíble, veraz y constatada de esta película fue la del coche Ford Fiesta, de tres puertas, quemado con tres infortunados muertos, carbonizados, tiroteados y mutilados. Reitero, sin puertas traseras.

Una de las fotos más impresionantes es la del interior del vehículo de la muerte dentro del taller almeriense de Juan Guirado y que acompaña a este libro. Hay otra foto, pero por decencia profesional y personal me niego a publicarla. Imaginen.

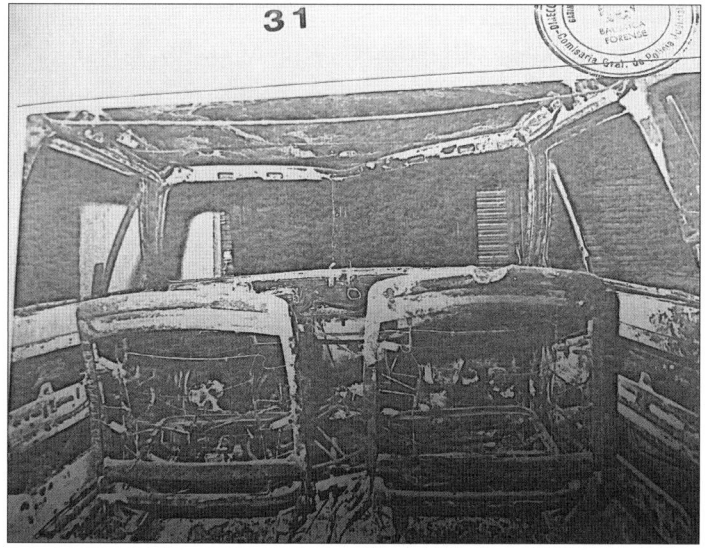

Interior del vehículo depositado en la mañana del 10 de mayo de 1981 en el taller de Juan Guirado en Almería.

La otra parte quedó desmontada, algo que ya se barruntaba desde el inicio, un año más tarde en el juicio, cuando el abogado acusador Darío Fernández le preguntó a Castillo Quero qué riesgo había para acribillarles, estando los detenidos dentro del coche, esposados y con las puertas cerradas. El propio abogado quiso responder: los que se habían escapado eran los dos guardias civiles, dos personas de su confianza que iban en los asientos delanteros y dejaban así a los tiradores un blanco libre de fuego amigo. Además de un pensamiento abrumadoramente lógico que flotaba en cada conversación al respecto: unos disparos intimidatorios o dirigidos a las partes bajas del vehículo hubieran bastado para inmovilizarles y dominar la situación, en caso, claro está, de que la inverosímil artimaña de la fuga hubiera sido real.

Por otra parte, el deber de obediencia en un cuerpo como el de la Guardia Civil, de estructura castrense «no es un deber absoluto de obediencia ciega, pasiva o automática, como revela el propio Código de Justicia militar». Esto es, ante la orden de un mando, que resulte inconfundiblemente contraria al deber de justicia, no existe el deber de cumplimento ni un amparo posterior ante un tribunal militar. Ningún número de la Benemérita se tiraría por un barranco por el simple hecho de obedecer una orden. Por tanto, los subordinados, o números, se habían metido igualmente en el ajo, con mayor o menor conocimiento.

El corporativismo intentaba a toda costa defender a los suyos negando una atrocidad, y cayendo en una omertá a la siciliana. Podremos compartir que, realmente, no cabe secreto ni corporativismo cuando la justicia, la ley o la libre asociación de las personas se ven comprometidas.

El cabo del llamado convoy realizó una caótica declaración, más autoinculpatoria que en defensa propia: «Pienso que eran miembros de ETA, y seguiré pensando que lo eran hasta que no se demuestre lo contrario. Además, si no lo fueran, hubieran puesto el grito en el cielo, y no lo hicieron, comportándose siempre correctamente». Esta afirmación, contraria al espíritu de la ley en el sentido de que cualquier ciudadano es inocente mientras no se demuestre lo contrario, provocó en la sala murmullos reprobatorios de las palabras del testigo. Coincide además con las declaraciones de la dependienta de la tienda de regalos, donde fueron detenidos, quien observó el intachable comportamiento de los detenidos con una sumisión debida a la autoridad.

Como quienes están condenados sin importar lo que hicieran, entre la espalda y la pared, ya venían con el juicio hecho. Se mostraron dóciles en la detención, confiados en la acción de la autoridad y la justicia, y fueron inmediatamente considerados terroristas confirmados por no poner el grito en el cielo. Y fueron acribillados por su presunto intento de fuga, aunque estuviesen esposados en el asiento de atrás de un coche sin control. No tuvieron opciones desde el momento en que fueron etiquetados erróneamente como terroristas. La fuga fue la trama defensiva para ocultar tan horrendo suceso; pero si en realidad se hubiese dado ese intento de fuga imposible por parte de los tres infortunados, reitero, esposados y bajo las condiciones físicas tan mermadas que ya tenían, no sería sino por el desesperado impulso humano de autodefensa para huir de la atrocidad de la tortura y el dolor físico al que estaban siendo sometidos sin ninguna razón, sentido o motivo.

Las víctimas eran cadáveres cuando se produjo la combustión del coche, según los forenses Antonio Plaza y Basilio Compán, quienes realizaron las primeras autopsias en el cementerio de Almería. Si fue por el acribillamiento o por acción de las palizas previas, no está confirmado.

Mintió deliberadamente quien afirmó que a partir del suceso se trató de denigrar a la Guardia Civil. «Somos conscientes de sus sacrificios en la lucha contra ETA, una lucha que también es la de todos nosotros, y estamos dispuestos a argumentar en su defensa, cada vez que se reclamen, más medios, comprensión y apoyo moral para el cumplimiento de su misión. No es posible, sin embargo, disculpar todas las conductas individuales en función del respeto que merece la institución a la que representan».

El guion tenía reservada otra parte aún más dramática. Se había desarrollado en las horas anteriores al desenlace final, y posteriores a la detención. El examen de los cadáveres revelaba signos evidentes de violencia con saña. Una caravana de la muerte, de la mentira, un desfile de infamia y terror que llevó a los detenidos a un lugar apartado para su tortura. Tenían que confesar lo que no eran, lo que no sabían. La playa de Cabo de

Gata, aquella noche, no rezumaba nada bueno, muchos menos esa construcción de Casa Fuerte de la Cruceta, comúnmente Casas Fuertes, semiabandonada y tétrica de la orilla, donde se iban a perpetrar unos hechos tenebrosos.

Las autopsias no dejaron hueco para la duda, ni para la presunción de una mínima compasión con los inermes desafortunados. Esa primera autopsia se llevó a cabo en una fría piedra de mármol, en la morgue del cementerio, con escasa luz y medios, allí donde ya nadie acude a investigar. Allí se asomó este periodista por un ventanuco la tarde del domingo 10 de mayo, después de rebuscar sin éxito en el hospital Bola Azul y en dependencias policiales. Un soplo de una fuente periodística me advirtió de que el médico forense había ido al camposanto. Ojalá nunca hubiera trepado esa ventana; ojalá nunca hubiese visto los cuerpos mutilados y carbonizados. Esa imagen de «colañas negras» sigue en la retina como un flash cegador. Un policía, conocido, se me acercó, sorprendido de que mis pesquisas hubiesen dado fruto. Me dijo: «Antonio, esto es una metedura de pata, pero vete de aquí».

María Morales, madre de Juan, hundida en sollozos para siempre, llegó a afirmar: «me los han matado tres veces, a palos, a tiros y quemados». Incluso tuvo que desgarrarse de nuevo el 16 de julio de 1981 con la exhumación del cadáver de su hijo Juan por la tarde en Pechina y por la noche el traslado del cuerpo para pruebas radiológicas al único hospital de Almería, conocido popularmente por Bola Azul. Esta mujer quedó para siempre como una 'madre coraje', tal y como la definió su propia hija, Mari Carmen, por todo lo que tuvo que luchar para aclarar la verdad y recibir un halo de justicia. Cuando Juan fue asesinado, Mari Carmen contaba 16 años, pero recuerda perfectamente la indefensión y la confusión. «Nos enteramos de su muerte por televisión. Cuando informaron de que había tres fallecidos en Almería supimos al momento de que se trataba de mi hermano y sus amigos, de los que llevábamos muchas horas sin noticia». «María, tu hijo se fue al norte y se ha hecho de ETA», le llegó a espetar algún vecino atrevido. Era el colmo del sinsentido. «Tanto dijeron que eran terroristas, que hasta nosotros mismos llegamos a dudar. La tele, la radio, la prensa, todos decían que eran terroristas, y nosotros ya dudábamos».

Dolores Mier, madre de Luis Cobo, rota de lágrimas, logró sacar de sus entrañas un grito desgarrador: «Ha sido un vil asesinato, un error, asqueroso. Ellos han muerto por un error, pero después han difamado su nombre. Los han matado los que él siempre defendió», en referencia al respeto que Cobo sentía por la Benemérita.

El error es un factor de azar, un atributo que nada tiene que ver en este caso con la tortura y asesinato de tres jóvenes bajo custodia. El error era un dardo directo al ministro Rosón, que despachó de puntillas el asunto como pudo, intentando hacer poco ruido y salir del atolladero monumental sin una declaración de perdón. «Ha sido un trágico error», se limitó a decir el gobernante con el consiguiente aumento de indignación entre las familias por tan lacónico comunicado. Fue otra de las frases para la historia. Una frase donde faltaban explicaciones; una frase donde faltaban disculpas, públicas y oficiales. Juan José Rosón era el responsable del Ministerio del Interior. Dolores continuó con su llanto, y con el dardo, instando al ministro con todo el dolor de su alma, y la fuerza de una madre: «Quisiera preguntar al señor Rosón, ya que él dice que no han sido dichos individuos torturados, ni recibido malos tratos, me diga públicamente dónde están los brazos y las piernas de mi hijo Luis para ir a buscarlos, porque son míos».

Los abogados defensores tenían que hacer su trabajo, pero qué difícil hacerlo sin añadir más corrosión. Con una táctica manida y casposa en sucesos impactantes, acudieron a la rutina habitual de culpar a la prensa. «Lo sucedido es algo que pertenece a la crónica triste a la que desgraciadamente nos tienen acostumbrados los llamados medios de comunicación». Para rematar el despropósito, añadieron: «Es un suceso más entre los muchos que se vienen produciendo diariamente». ¡La prensa, qué maravilla!

Sin embargo, la Audiencia ya había comunicado sin reserva que había «indicios racionales de criminalidad suficientes contra todos y cada uno de ellos (acusados)». Esa nota de la Audiencia de Almería no pareció elaborarse con mucho esmero, pues confundía los apellidos y grados de dos de los procesados. Añadía: «los procesamientos comportan la prisión provisional comunicada sin fianza y fijan en nueve millones de pesetas la cantidad a garantizar para cubrir las responsabilidades pecuniarias que en su día pudieran imponerse».

Por otro lado, durante el juicio llegaban otras formulaciones parecidas a presiones o amenazas. Pérez Gómez, abogado defensor del teniente coronel Castillo, acentuó la colisión de derechos que se producía, según él, en el proceso: «Vosotros sois los juzgadores competentes, pero no podéis olvidar que estáis juzgando a unos hombres sujetos a sus leyes militares»

Fue un juicio, y un proceso extremadamente complicado, con una mayoría de público asistente militar, aunque accediesen a la sala con vestimentas de paisano. Una guardia pretoriana que amenazaba con férreas miradas a la acusación y a la prensa, amedrentando en lo posible con cartas sucias e injustas. Darío Fernández, el abogado acusador en nombre de las familias de los tres jóvenes acabó marcado y desquiciado por el caso y por las amenazas, como él mismo desveló: «Me jugué la vida». Tuvo que recluirse en una cueva de Santa Fe de Mondújar para sentirse seguro y aislado. Darío reveló que incluso en los descansos del juicio, en los pasillos de la Audiencia, llegó a recibir algún que otro burdo puntapié de algunos desconocidos.

Otra polémica, o nueva injusticia, surgió de nuevo por el lugar dictado para cumplir la prisión preventiva: «Los presuntos autores de tres delitos de homicidio cumplirán la prisión preventiva, en espera de juicio, en la Comandancia de la Guardia Civil de Almería, decisión tomada por la Capitanía General de la IX Región Militar, con sede en Granada, en donde manifestaron que, de no existir nueva orden en contra, los tres guardias civiles no serán trasladados a ninguna prisión militar ni acuartelamiento». Era fácil discernir que si el mayor responsable, Castillo Quero, habitaba una vivienda en la propia Comandancia, empezaría a cumplir pena en su casa, en un recinto con libertad de movimiento y piscina.

El Fiscal General del Estado declaró el 26 de mayo de 1981: «Todo está reveladoramente claro ahora», pero estas palabras no tuvieron correlación con la irrisoria condena impuesta un año más tarde, vista la magnitud del suceso. No dejó satisfecho a nadie, especialmente a las familias de los difuntos. «Todavía hay gente fuera que participó en el crimen y que debe pagar por ello», denunció María Morales.

Como testigo, para mantener vivo el recuerdo, queda una cruz de mármol en el kilómetro 8,450 de la carretera comarcal 3326 de Gérgal: «En este lugar aparecieron calcinados los cuerpos de Juan Mañas Morales, de 24 años de edad, Luis Cobo Mier, de 29 años de edad, Luis Montero García, de 33 años de edad, en extrañas circunstancias. Vuestros padres, hermanos, familiares y amigos no os olvidarán jamás. DEP.»

«Esa cruz del monolito», señaló la madre de Juan Mañas, «no crean ustedes que la hemos costeado nosotros sino José Sánchez, dueño del bar de Benahadux donde trabajó mi hijo».

En el rizo de la desolación, incluso ese homenaje póstumo del monolito estuvo rodeado de sospecha. El jefe de la comandancia de Almería, que sustituyó a Carlos Castillo Quero, fue Mateo Manzano Morales, quien informó a la Dirección General de la Guardia Civil, con fecha 20 de agosto de 1981, sobre ese monolito homenaje que se iba a erigir con probable asistencia masiva «y posible manifestación y alocución».

Se ha cerrado este libro, ninguno de los testigos directos de aquella tragedia se ha atrevido a pedir las mejores disculpas en forma de relato de lo que pasó; un relato detallado que administre al menos la sutura para la herida, puesto que la cicatriz seguirá eternamente abierta.

Han pasado las décadas y ¡aquí no ha pasado nada! Aún espera una familia, y una fría cruz de mármol en un lugar perdido de la carretera de Gérgal.

2

«NOTICIA ES TODO AQUELLO QUE ALGUIEN NO QUIERE QUE SE SEPA»

Domingo 10 de mayo, 11 horas, hotel Aguadulce. Mi entrevista con el jurista y político de Unión de Centro Democrático, Antonio Jiménez Blanco (Granada 1924 - 2014), iba como la seda, pero se vio bruscamente interrumpida cuando el operador de cámara Antonio Cano, pionero de TVE en Almería, me avisó de un suceso extraño que acababa de conocer: «Desde la tele me informan de que han muerto en Almería los tres etarras que atentaron en Madrid contra el teniente general Valenzuela, y que una agencia lo ha confirmado». Después supimos que aquella trágica mañana la primera información la soltó la Agencia EFE desde Madrid. La corresponsal en Almería de dicha agencia era Áurea Martínez Navarro, quien era además la responsable de prensa del Gobierno Civil. El silencio oficial, durante todo el domingo por parte del Gobierno Civil, contribuyó a generar dudas y sospechas más que evidentes. Seguidamente la agencia de noticias más antigua del mundo, la francesa France-Presse (AFP) también reprodujo a todo el mundo la nota de su homóloga española y de la que se hizo eco TVE anunciando la muerte de tres terroristas en Almería.

Eran las primeras informaciones, una noticia de calado que no podía tener otra fuente primaria que la propia Guardia Civil. Aquel imborrable domingo del 10 de mayo de 1981, interrumpí la entrevista con el político y fui directo a la redacción de mi emisora, Radio Almería, asociada a la Cadena SER, situada entonces en la segunda planta del edificio Concordia, en la Plaza San Sebastián de Almería. Justo debajo, en el primero, se ubicaba la redacción del diario *Ideal*, emplazamiento que en la actualidad ocupa la sede de la Asociación de Periodistas. En aquellos tiempos, repartía mi trabajo con colaboraciones en otros medios, concretamente con las corresponsalías de *Diario 16* y *La Vanguardia* en la provincia de Almería. Resolví llamar frenéticamente a la centralita de la Comandancia de la Guardia Civil, donde en principio no me cogieron el teléfono. Con posterioridad, después de varios intentos fallidos, pregunté por el teniente coronel Castillo Quero, pero el resultado vino a ser el mismo: nadie sabía nada ni dónde estaba nadie. Caos.

Como era una vía ciega, mis esfuerzos se dirigieron a indagar a través del Gobierno Civil. Sin redes sociales ni teléfonos inalámbricos ni, por supuesto, móviles en 1981, realicé múltiples llamadas al despacho del gobernador civil, José María Bances Álvarez. No hubo respuesta. Áurea Martínez Navarro tampoco respondía a mi llamada. Días después, esta mujer, que fue años antes la primera mujer corresponsal de RNE en Almería y la primera que cubrió el accidente termonuclear de Palomares (1966) para Radio Juventud, me admitió que el silencio era obligado porque el Ministerio del Interior asumió el caso con cautela desde el primer momento. El caso Almería introdujo un debate, todavía no resuelto en España, sobre los gabinetes de comunicación en las instituciones democráticas dedicados al servicio público o a la toxicidad partidista.

Mis indagaciones, aún sin la confirmación oficial que infructuosamente buscaba, fueron claves para determinar sin espacio para el error o la duda que había tres muertos, supuestamente terroristas, que estaban carbonizados en la mesa fría y lúgubre del cementerio, y que el coche en el que viajaban había sido hallado en un barranco. Todas estas pesquisas confirmadas por el celador de un hospital, que me desvió al cementerio; de ahí, un policía, ya en el propio camposanto, que me conminó a que me fuera; y por último, el propio chófer del forense que cómoda e impasiblemente sentado en su vehículo oficial, y mientras escuchaba en la radio los resultados de los partidos de fútbol, me dio refugio de la ventisca, y nos delató, de forma cautelosa a Pedro Manuel de la Cruz al que llamé y a mí, dónde estaba el coche accidentado que hasta entonces era el gran secreto. Sin duda, esos cadáveres irreconocibles que pude ver con mis propios ojos eran la prueba fundamental y el porqué del silencio oficial.

Para el curtido periodista José María Granados, presidente de la Asociación de la Prensa, redactor de *Ideal* y corresponsal de Europa Press en 1981, experto en el caso, la intención inicial del Gobierno Civil, responsable político de la Guardia Civil, fue estigmatizar como terroristas a los tres jóvenes inocentes: «El desmentido [de que eran etarras] que la corresponsalía de Europa Press hizo de la noticia lanzada por la Agencia EFE, la oficial, corrió como la pólvora y toda la prensa escrita y la radio, en el ámbito nacional, se hicieron eco del suceso, cuestionando la versión oficial desde ese primer momento en el que los periodistas de Almería lanzaron la noticia junto con mensajes de voces expertas, abogados, forenses, juristas, policías y hasta guardias civiles que, junto a los familiares directos de Juan Mañas Morales, Luis Montero García y Luis Cobo Mier -las víctimas de aquel horror-, acabaron con la confusión y los intentos de manipulación con los que las autoridades pretendieron pasar página y cubrir de silencio los hechos», rememoró Granados para este libro en 2023.

Visto el resultado infructuoso de mis llamadas en aquellas primeras horas del 10 de mayo, me dirigí en persona en busca de información a la Comandancia de la Guardia Civil de Almería. Al llegar me topé con un indicio revelador de que algo muy grave había ocurrido. Sobre los cerrados portones de madera pintados en verde, tan típicos en los cuarteles de la Benemérita, había una escasa y ridícula cuartilla colgada de una simple chincheta, con una escueta frase: «Para información relacionada con el suceso, diríjanse al Ministerio del Interior en Madrid».

Al regresar a la redacción de Radio Almería comencé de nuevo una ronda de llamadas telefónicas a todos los cuarteles de la provincia, ayuntamientos, Policía Local, contactos políticos, presidentes de equipos de fútbol, bares y fuentes informativas de ámbito profesional y personal con influencias, para saber dónde se encontraban los cadáveres y en qué lugar exacto se habían producido las muertes. Nadie sabía nada. A las cuatro de la tarde abandoné la redacción directo a la morgue del hospital. No había ningún cadáver. Pero una de esas pequeñas casualidades que solo les suceden a los periodistas que se empecinan en escarbar y rebuscar por todos sitios me abrió una vía esperanzadora.

Me encontré en el hospital con una fuente fiable, que conocía personalmente, como el celador Emilio Asensio Martínez (Segangan, Marruecos, 1957) de Comisiones Obreras y codirector del documental *Naif, una aventura libertaria en cuatro actos* (2025). Tras mis preguntas sobre la muerte de tres jóvenes y llevarme hasta las cámaras vacías de cadáveres, me reveló que había oído que el médico forense de guardia se acababa de desplazar esa tarde hasta el cementerio. Fue clave para abrirme camino.

«Colañas negras»

Es aquí donde mi vida, profesional y personal, iba a sufrir uno de los mayores impactos emocionales, y un estremecimiento que me aterra cuatro décadas después. Lo que presencié sólo puede ser comparable a las devastaciones humanas que se producen en las guerras. Eran las 17.15 horas cuandos me encaminaba hacia el cementerio mientras comía un bocadillo. Al llegar, me encaramé a una ventana y al asomarme vi aproximadamente a seis personas de un equipo médico, dos de ellos forenses, y dos policías nacionales. Guardo en la retina la imagen de otro policía. Lo más duro, sobre todo, ver los cuerpos de los cadáveres, en ese retrato espeluznante que aún martillea mi memoria. Los cuerpos parecían tocones o troncos de árboles quemados, «colañas negras», uno de ellos mutilado, al que le faltaban varias extremidades. Vislumbré que eran personas solo porque estaban sobre la mesa de disección forense.

Casualmente yo conocía a uno de esos policías presentes en aquella sala por ser familiar del entonces octogenario cofundador de la delegación de *Ideal* en Almería, mi compañero José Valles Primo, decano de los periodistas. Este policía conocido tiene la deferencia, antes de que me expulse el juez, de decirme: «Antonio, esto es una metedura de pata de la Guardia Civil, pero vete de aquí».

Necesitaba refuerzos. La magnitud y la peligrosidad del suceso me invitaron a llamar a un colega, Pedro Manuel de la Cruz, corresponsal de *El País* en Almería. Además, con ese celo estúpido que a veces nos inunda a los periodistas, sabía que no me podía pisar el tema porque su diario no salía los lunes en aquel entonces; el mío, *Diario 16*, en cambio, sí lo hacía, además de aportar mis crónicas radiofónicas. Nos reunimos dentro del cementerio, a unos cien metros de la puerta principal.

Ocurrió algo mágico y definitivo para conocer dónde se encontraba el coche de los tres desafortunados. Era una tarde con fuerte temporal de viento. El chófer del juez Cristóbal García, que dirigió las primeras investigaciones, aguardaba dentro del cementerio con su vehículo, a escasos metros de la sala de autopsias. Desde su comodidad en el interior del coche nos invitó a subir, como compadeciéndose de aquellos jóvenes que esperaban a la intemperie cualquier movimiento. Accedió a que nos acomodáramos para resguardarnos en esa desapacible tarde. El chófer poseía una gran empatía e inteligencia natural. Supo desde el primer instante lo que buscábamos. Apartó la discreción que se le presupone a un buen conductor profesional, esos que ven, escuchan y callan. Tal vez porque su conciencia le decía que había ocurrido algo que traspasaba todos los límites nos reveló, como el que entrega un premio a quien más se lo merece, el punto kilométrico exacto de la carretera de Gérgal donde se encontraba el Ford Fiesta que trasladaba a los tres jóvenes inocentes esposados. Nos dijo que aquello olía muy mal porque había decenas de agujeros de bala en el tanque de gasolina y por todo el vehículo. Vaticinó con preocupación que aquello no fue un tiroteo normal.

A las 18 horas de ese 10 de mayo abandoné mi puesto de vigilancia en el cementerio para llamar a mi jefe, Miguel Ángel Blanco, responsable de *Ideal* en Almería. Busqué un teléfono y lo encontré en la cercana gasolinera de Las Lomas. Paradójicamente luego supe que fue el lugar exacto donde repostó gasolina esa madrugada la caravana de la muerte, con el vehículo «de la muerte», el Ford Fiesta verde. Le pedí a Blanco que me enviara al fotógrafo, dada la gravedad del asunto, y nuestra resolución de acudir al lugar que nos había indicado el chófer, el punto fatídico de la carretera de Gérgal. Iba a ser José Juan Mullor, Pepe Mullor, el que realizara unas instantáneas del terreno donde aparecieron los tres cuerpos tiroteados y carbonizados, pero que el vehículo ya no estaba en ese punto fatídico. Bajo las indicaciones que le di a Blanco, Mullor recogió a Pedro Manuel de la Cruz para realizar las fotos del terraplén mientras yo me quedaba vigilante en el cementerio. Las imágenes del lugar del accidente, con un trozo de rueda, los guantes forenses esparcidos entre las hojas, y otras circunstancias, fueron las primeras instantáneas publicadas, y que el resto de medios escritos, semanarios y TVE reprodujeron días más tarde. Cometí la imprudencia, o no, de pedirles que me trajeran una prueba física del suceso o algo significativo. Una hora más tarde tenía en mi poder uno de los espejos retrovisores del Ford. En el lugar de los hechos quedaban pruebas elocuentes de la torpe y burda manipulación, contradicciones evidentes con los relatos oficiales testificados, como se comprobó varios días después. Dejaron en la escena una lata de gasolina, esa que rellenaron en la estación de servicio de Las Lomas, el tacón de una bota derecha, que según la instrucción era de Juan Mañas y otros objetos. Lo más grave es que María, la madre de Pechina, conservara desde los primeros días «trozos del cráneo de su hijo».

Nadie sabía nada. La chapuza judicial y forense fue enorme desde el inicio. Pedro Manuel de la Cruz y yo, después del regreso de la carretera de Gérgal, coincidimos de nuevo en el cementerio e insistimos en buscar contacto con el juez y los agentes judiciales. Nos volvieron a invitar a que abandonáramos el camposanto.

Cuando informé a la Cadena SER en Madrid, y al coordinador de corresponsales de Diario 16, Javier Torrontegui, me dijo que desde el Ministerio del Interior, el comisario Manuel Ballesteros (Pulianas, Granada, 1935 - Madrid 2008), histórico en la lucha contra ETA, estaba redactando una nota oficial que fue la base de nuestro primer titular sobre la extraña muerte de tres jóvenes inocentes en Almería.

Javier Torrontegui (Getxo, 1956), responsable de temas de terrorismo en *Diario 16*, recuerda mis primeras informaciones desde Almería: «Debían ser las cuatro y media de la tarde del domingo 10 de mayo. En todo caso era antes de las cinco, cuando teníamos la reunión de los temas para la edición del lunes. *Diario 16* era, junto a la *Hoja del Lunes* (de la Asociación de la Prensa), el único periódico que se editaba en Madrid los lunes. La telefonista al llegar a la redacción me dijo que ya tenía una llamada del corresponsal en Almería. Las llamadas de Antonio Torres siempre aportaban algún contenido de interés. Así, en cuanto me senté a la mesa de la sección de Nacional, recuperé una máquina de escribir (nunca había para todos a la vez) y empecé a hacer la lista de temas de día, mientras la secretaria de redacción me enlazaba con Almería. La voz de Antonio pausada arrancó, después de mis «buenas tardes» de rigor, con: «Javier... que hay aquí una cosa muy rara... un suceso terrible». Aquello ya me puso en alerta. «Que hay tres chavalicos muertos en un encuentro con la Guardia Civil, pero todo es muy raro porque no hay ninguna versión y en la puerta de la Comandancia han puesto una cuartilla indicando que para información del suceso se dirigieran al Ministerio del Interior de Madrid. Y en TVE han dicho que los muertos eran terroristas». Antonio siguió. «Es que me he acercado hasta el cementerio, tras cientos de llamadas desde Radio Almería, y he visto cadáveres calcinados, negros carbonizados, mientras se realizan las autopsias con asistencia de forenses, enfermeros y dos policías nacionales que me han expulsado. Hace viento y el chófer del juez que está aparcado dentro del cementerio y a 30 metros o menos de la sala de autopsia me dice que esto huele muy mal y veo contradicciones. No hay versión de la Guardia Civil y me remiten a Interior, haz tu ahí la gestión con el ministerio».

Torrontegui siguió con las pesquisas llamando al teléfono del Gabinete Telegráfico del Ministerio del Interior. «Una centralita oficial, reservada para las comunicaciones de 'alto nivel' y que funciona 24/7. Es decir, de manera permanente. El servicio especial de los funcionarios de Correos enlazaba en cualquier momento a los altos miembros de las instrucciones del Estado con el interlocutor demandado. En una época en la que la telefonía era únicamente por hilo de cobre, esta red era la conexión fundamental y urgente y única, para conseguir poner en contacto a una autoridad con quien hiciera falta, donde hiciera falta, cuando fuera necesario. Por algunas llamadas que yo había recibido en otras ocasiones desde autoridades del ministerio, al funcionario no le extrañó que un periodista llamara y preguntara por si podía hacer llegar un mensaje al portavoz ministerial o a alguna de los responsables. Mi solicitud de conversación era para hablar del asunto que tenía entre manos. Su respuesta aportó aún más alertas a aquel Javier, aquí hay algo raro, con el que Antonio me había dado las buenas tardes desde Almería. Espere un momento, le voy a pasar con el portavoz del Ministerio, que está en su despacho, me dijo.

Un domingo por la tarde el portavoz del Ministerio del Interior en su despacho, sin que a priori hubiera ninguna alerta especial o suceso informativo previsto, era una pista muy seria de que algo estaba pasando. Me atendió primero la secretaria, otro dato más a sumar, no es que el portavoz había acudido a ocupar su tarde dominical en alguna tarea secundaria, había hecho acudir, también, a su muy eficaz secretaria, Conchita. Ella, con la confianza del trato casi diario con esas fuentes, me interrogó sobre el motivo de la llamada. Tampoco pareció extrañarle. Su jefe, Ramón del Corral, Moncho, estaba con el ministro, pero me llamaría inmediatamente después. Moncho era director del gabinete del ministro Rosón.

Lo de que el ministro estuviera en su despacho ya no era tan raro. Primero por su capacidad y entrega al trabajo, desde que Juan José Rosón había sido gobernador civil en el Madrid convulso de la Transición. Además, es que el ministro, por seguridad, habitaba la vivienda superior del palacete del número 5 de la Avenida de la Castellana, donde estaba, y ahí sigue, la sede ministerial.

La verdad es que a ese 'te llamaremos', no le di más credibilidad que la de confiar en la lotería. Solo si les venía bien llamarían. Así que empecé a buscar otras fuentes. Era difícil. Hasta mucho tiempo después, la consideración de los medios de comunicación como no enemigos, no llegaría hasta los despachos del instituto armado. Siendo además el suceso en Andalucía, las fuentes habituales, más centradas en Euskadi y la actividad terrorista, no tendrían datos referentes a un suceso, por muy desgraciados que se presentaban».

«Apenas dos días después viajé a Almería», continúa Torrontegui su relato, «para iniciar la investigación de la mano de Antonio Torres y otros compañeros locales, a los que siempre estaré agradecido. Con Antonio fuimos a Pechina, a casa de los Mañas. Allí, conocí a la madre de Juan, su hijo de 24 años que había venido a la primera comunión de su hermano, desde donde se estaba buscando la vida trabajando en la otra punta de la península, en Santander. Juan, junto a sus dos amigos, habían sido detenidos irregularmente por agentes de la Guardia Civil; luego trasladados a un antiguo fortín militar y allí torturados con saña. Esto es todo lo que me han dejado de mi hijo, recuerdo que me dijo María Mañas entre sollozos y preguntas sobre el porqué, mientras depositaba en mi mano una ennegrecida medalla con una Virgen que su hijo tenía colgada al cuello desde niño, y un trozo del tacón de su zapato. Los sacó de un sobre marrón, de esos que entonces se usaban para pagar las nóminas. No he podido quitarme esa imagen de mi cabeza en los más de cuarenta años de profesión que han pasado desde entonces».

El 11 de mayo de 1981, *Diario 16* abrió su primera edición con la falsedad fabricada, incluyendo fotos trucadas e insostenibles a primera vista (como un «obús» con el que pretendían los terroristas derribar el muro de la cárcel madrileña y que no era otra cosa que un cenicero de pie tuneado con papel de aluminio). El «extraño suceso» ocupó finalmente la página cinco del lunes 11 de mayo, firmada por Antonio Torres desde Almería, y metidas con calzador, con la connivencia de los compañeros de taller y en contra del criterio del director. El embuste no aguantó para la segunda edición y el triple crimen empezó progresivamente en los siguientes días a crecer en los medios hasta convertirse en el caso Almería[2]».

---

2   Testimonio del periodista de *Diario 16* Javier Torrontegui, especialista en terrorismo para este trabajo, 10 de mayo de 2021.

El redactor jefe de Radio Granada, Miguel Ángel del Hoyo, junto a Agustín Martínez, me llamaban para entrar sus programas informativos para la audiencia granadina desde Radio Almería con las noticias del triple asesinato. No era solo el hecho de que fuese una provincia vecina, sino también el interés que suscitó en tantos estudiantes y oriundos almerienses que vivían y viven en la provincia granadina.

Al periodista, cofundador de *Diario 16*, Fernando Reinlein, militar, miembro de la Unión Democrática Militar, clave para asentarse la democracia, le pedimos la siguiente reflexión con la reiterada idea de que los medios nacionales sirvieron de arrastre para que la noticia no se perdiera: «La historia es conocida sobradamente y lo fue entonces gracias a la labor para *Diario 16* de unos periodistas, Antonio Torres y Javier Torrontegui, pilotados por Melchor Miralles que pusieron toda la carne en el asador para que los hechos salieran a la luz. Los lunes, entonces, no salían los periódicos, excepto la *Hoja del Lunes* y *Diario 16*. Ese domingo, el diario disponía de una información explosiva sobre el caso Almería y el jefe de prensa del Ministerio del Interior, Moncho para los amigos, se desplazó en persona para hablar con Miralles. Sabía que guardaba la bomba de Almería y le dio otra primicia para desviar la atención: se había frustrado la huida de unos peligrosos etarras de la cárcel de Madrid. Pero los periodistas no cejaron en su investigación a pesar de las presiones y los intentos de acallarlos. Ante la gravedad de los hechos, otros periódicos y revistas fueron sumándose al carro que habían puesto en marcha estos tres periodistas. Luego llegó el juicio, la condena por homicidio y no por asesinato en una causa oral en la que la magnífica actuación de la acusación particular no pudo saltar el muro de presiones e inconvenientes que surgieron a su trabajo. La investigación continúo. Se llegó a saber que Castillo Quero estaba cumpliendo plácidamente su condena en una residencia de la Guardia Civil en la costa almeriense. Y el equipo de

Melchor Miralles, Torrontegui y Antonio Torres lo contó y fue trasladado. En su habitación, según supo después el protagonista, el preso jugaba a los dardos con una foto de Miralles. Todo se levantó por la labor de investigación de esos tres periodistas y otros profesionales de Almería y Santander que trabajaron desde el principio para que el caso Almería no se hundiera en un ominoso silencio[3]». El exdirector de Telemadrid, Manuel Soriano, columnista de *Diario 16* y *El Mundo*, entre otros medios, se refirió a la petición de justicia por parte del PSOE y del PCE en los primeros días de conocerse la muerte de los jóvenes: «No se entiende por qué las primeras notas policiales sobre sucesos como el de Almería tergiversan la realidad y se recurre a calumniar a las víctimas para echar tierra al asunto[4]».

En esa primera información publicada por un medio escrito titulamos: «Tres muertos, en un extraño incidente con la Guardia Civil. En Almería se pensó en la detención de varios etarras». El silencio oficial contribuyó a la confusión. Se destacó, en función de la nota oficial ministerial, que no eran los terroristas que habían atentado días antes en Madrid. Se daban distintas versiones por el silencio oficial que contribuyó a la confusión, pero a última hora del domingo, la Dirección General de la Guardia Civil informó de que al margen de las actuaciones judiciales, abrían una investigación. La primera nota de la Guardia Civil no aclaraba nada. Destaqué en dicha primera crónica de urgencia: «Nadie sabe nada»[5].

---

3   Testimonio en exclusiva para este trabajo de Fernando Reinlein, exsubdirector de *Diario 16*, 19 de mayo de 2021.

4   Soriano, Manuel, «Salvaguardar la Guardia Civil», *Diario 16*, 22 de mayo de 1981, p, 5.

5   Torres, Antonio, «Tres muertos, en un extraño incidente con la Guardia Civil», *Diario 16*, 11 de mayo de 1981, p, 5.

Críticas al Gobernador Civil

El gobernador José María Bances Álvarez recibió críticas de todos los partidos, incluido el suyo, la UCD, por no ofrecer explicaciones de ninguna índole a nadie. Tampoco tomó contacto con los familiares de Juan Mañas para contarles lo sucedido con su hijo[6]. Bances no apareció en público hasta el domingo 24 de mayo para asistir al homenaje de Almería a la bandera. Pronunció su discurso junto al resto de autoridades, pero no hizo mención alguna a la muerte de tres jóvenes inocentes. El periódico *La Voz de Almería* le dedicó la portada y casi toda la información de las páginas del martes 26 de mayo[7]. La destitución de Bances no llegó hasta el año siguiente, con el nuevo gobierno del PSOE de Felipe González. El delegado de *Ideal*, Miguel Ángel Blanco, afirmó que Bances sabía perfectamente de las campañas contra el redactor de *Ideal* Gómez Cardeña, y de la difamación contra otros periodistas.

Años más tarde se confirmó que el silencio oficial se debía, paradójicamente, a las órdenes directas del aparato central de la UCD, partido que tenía el mayor número, proporcionalmente, de militantes de España en Almería. Desde el centralismo del partido pusieron la directriz clara de no criticar a la Guardia Civil. De ahí la deliberada ausencia de declaraciones desde el Gobierno Civil de Almería. El gobernador tuvo que soportar incluso las exigencias dobles y contradictorias, aparentemente, de su propio partido, en una forma de contorsión teatrera.

Una vez que Darío se hizo cargo de la acusación particular, se sintió abrumado y sobrecargado por la responsabilidad enorme de hacer ver la verdad de una realidad dantesca que se había enmascarado con falsas pruebas y acusaciones infundadas

---

6   Miralles, Melchor y Torrontegui, Javier, «Nosotros no denunciamos a los tres jóvenes», *Diario 16*, 22 de mayo de 1981, p, 5.

7   *La Voz de Almería*, «Homenaje de Almería a la bandera, apoteosis de patriotismo», 26 de mayo de 1981, p, 11-16, portada.

y graves. Recibió presiones incluso desde su propio gremio, y a veces, acudía a sus periodistas de confianza para recibir un poco de amparo. Miguel Ángel Blanco lo destacó en una columna aparecida menos de un mes después del suceso y del nombramiento de Darío como letrado de la acusación particular: «La sorpresa del día fue cuando apareció por nuestra redacción, de improviso, Darío Fernández, en busca de Antonio Torres y José María Granados, que en la noche anterior acudieron a su despacho, fuera de sumario, aunque nadie les abrió la puerta. Dice que ahora es cuando se entra en el momento clave de la investigación jurídica y se le nota que anda preocupado en algunos extremos. Pero poco más se le ha podido sacar. Su protagonismo es algo innegable[8]». Si Darío Fernández recibió ataques y amenazas de bomba, el curtido abogado Juan José Pérez Gómez denunció que le habían sustraído documentos de su despacho, incendiado una finca conocida por La Algaira en la barriada almeriense de La Cañada y denunció que también recibía amenazas.

Festivales solidarios en Almería, prohibidos

Cada vez que líderes de movimientos asociativos solicitaron permisos para celebrar festivales solidarios fueron rechazados. Entre otros destacan las figuras más pegadas a las familias del caso Almería Miguel Moya, Mariano Junco o el incansable José García Rueda, «Pepillo el barbero» (Almería, 1947), quien rememora esos días en la *La Chanca. Una Revolución (1940-2000)*: «La represión que tuvimos fue peor porque denunciamos la farsa que estaban haciendo. Eso nos supuso en las primeras semanas a que nos fuéramos unos días de Almería por la presión. A mí hasta me asaltaron mi peluquería y un año después nos tuvieron detenidos de siete de la tarde a una de la madrugada porque colocamos pegatinas blancas señalando por culpa del

---

8   Blanco, Miguel Ángel, «La actualidad, minuto a minuto», *Ideal*, 4 de junio de 1981.

gobernador civil en los carteles distribuidos anunciando el Festival de Solidaridad con *las familias del caso Almería*». Durante esos días se celebró una conferencia de prensa en la casa de los Mañas Morales de Pechina para denunciar la prohibición del festival. Otra vez, la madre María Morales puso el grito en el cielo para denunciar la prohibición del festival y el por qué se detuvo durante cinco horas en Comisaría de Policía a su hijo Antonio, junto a los citados líderes de movimientos vecinales y estudiantiles que se dedicaban a poner encima del cartel anunciador del festival solidario que la culpa de la prohibición era del gobernador: «No tuvisteis bastante con mi Juan y sus amigos», gritó la madre en Comisaría, «y ahora os queréis cargar a mi Antonio y mis otros niños que nos ayudan para poder pagar los gastos». Según la crónica de Antonio Fernández Gil para *El País*, de junio de 1982, para el festival ya estaba confirmada la presencia de Paco Ibáñez, Carlos Cano y Gente del Pueblo, entre otros.

Inexistente agenda de ETA en Mojácar

Los abogados defensores intentaron en reiterada sesiones en hacer alusión a la situación terrorista y al fallido golpe de Estado del 23 de febrero de 1981. Otras historias de desviación de la atención fueron tramadas presuntamente por los abogados defensores, que intentaron utilizar a la prensa para dar versiones inventadas y no contrastadas con el fin de crear documentación periodística ruidosa en el futuro juicio.

Hubo alguien que intentó beneficiarse de la «guerra sucia» que se prolongó hasta 1987. Es el caso de una famosa e inexistente agenda de ETA aparecida en Mojácar. El 23 de julio de 1981, el periódico *Ideal* formó que había aparecido una agenda, propiedad del francés Michel de la Bigne, con nombres de etarras en el restaurante Rancho del Mar de Mojácar, en la que se vinculaba a ETA con los tres jóvenes inocentes. La agenda fue encontrada por el conocido empresario Antonio Flores Carrillo quien acababa de comprar dicho restaurante. Como escribió Antonio Ramos en su libro, todo formaba parte de una campaña de intoxicación. Varios medios informaron un día después que ni la Policía ni la Guardia Civil tenían conocimiento del supuesto hallazgo de esa agenda. Viajé a Mojácar y Vera para averiguar todo por decisión de mi jefe Miguel Ángel Blanco y ya comprendí que aquello no olía bien. En el juzgado de Vera se me informó que conocían la noticia, pero no había datos oficiales ni denuncia. El hombre de negocios, en la compra y venta de terrenos, Antonio Flores Carrillo, me dijo: «Compré el Rancho del Mar en junio al señor Paul Ferré. Cuando estábamos de limpieza, encontramos un maletín, conteniendo documentos, una agenda, pasaportes, y unos papeles que me parecían extraños. Todo este material lo he entregado a la Guardia Civil de Vera». Sin embargo, rechazó esas acusaciones con declaraciones a *Ideal*. *El País* informó sobre el asunto: «En relación con la noticia publicada ayer por Ideal, sobre la supuesta existencia de una agenda con los teléfonos de los principales dirigentes etarras, en un restaurante de Mojácar, fuentes policiales en Madrid aseguraron no conocer nada al respecto, así como que el juez, al que según la referida información le habría sido entregada, no sabe nada del asunto. Esta información policial desmiente los rumores, coincidiendo con los momentos más importantes del sumario que se sigue sobre los sucesos de Almería, tales como el procesamiento de tres guardias civiles, primero, y ahora la exhumación de los cadáveres, trataban de relacionar la zona con la presencia de terroristas etarras. Estos rumores hablaban de la existencia de tres pisos francos en la zona de Almería, que habrían sido utilizados por terroristas etarras. «Los empresarios vascos residentes en Almería aprovecharon la información de la misteriosa agenda para criticar el impuesto revolucionario que se pagaba en el País Vasco».

Sin embargo, la prensa continuaba con sus investigaciones contrastadas para destapar y revelar a la opinión pública todos los pasos para el esclarecimiento de los hechos. *El País* publicó el 22 de julio de 1981: «Los estudios forenses practicados en el cuerpo de Juan Mañas no han podido ser todo lo completos que se deseaba, dado su estado de putrefacción. Estos estudios se piensan ampliar y completar en los casos de Luis Cobos y Luis Montero, cuyos cadáveres serán exhumados cuando al juzgado de Santander llegue el correspondiente exhorto del juez instructor del sumario. El estado de estos dos cadáveres, dado que fueron embalsamados antes de su traslado a la capital montañesa, permitirá el referido estudio forense y anatomopatológico».

También, el citado periódico consideró un montaje la presunta fuga de los inocentes. «El montaje del simulacro de fuga constituye el detonante para que la observación periodística desmenuce las circunstancias de una realidad que hoy día sigue conmoviendo: «El Ford Fiesta con los tres detenidos, esposados en el asiento de atrás, subía descontrolado la pendiente, cuando abrieron fuego Castillo Quero y Gómez Torres con sus subfusiles Z-62, ráfagas cortas y continuas y el número Fernández Llamas, con su pistola reglamentaria, disparando a dos, tres o cuatro metros del vehículo que se escapaba. Los disparos alcanzaron mortalmente a los detenidos y el Ford-Fiesta envuelto en llamas caía por el terraplén de la derecha a ocho metros de desnivel hasta pararse junto a las higueras secas al pie del barranco, que se tragaba así el dolor sordo de Juan Mañas, Luis Cobo y Luis Montero, obligados a desempeñar hasta el último suspiro el papel de tres etarras».

El catedrático de Filología Latina de la Universidad de Almería, Manuel López-Muñoz (Jaén,1966-Almería, 2022), un comunicador solvente, hizo una reflexión para este libro: »El secreto es parte de las relaciones humanas, incluso de las más cercanas: todos necesitamos un espacio que sea solo nuestro, todos vivimos en un espacio en el que compartimos algo solo con quienes forman parte de él. Algo que no se debe revelar a cualquiera debe tener como límite la ley; los intereses de un grupo, también. Veo una dimensión ética y moral en todo esto. Si alguien nos pide silencio invocando la solidaridad o el afecto, quebranta la una y el otro, daña la confianza y revela que nos desprecia. Pedirnos que guardemos secreto en esa situación supone romper la igualdad en la que se basa cualquier grupo humano y convertirla en simple dominación que niega nuestra libertad, la secuestra y la pone al servicio de un interés individual que prima sobre los del grupo como tal o los de sus integrantes. Guardar secreto me parece bueno siempre que sea para fortalecer una comunidad o darle entidad; actuar de manera corporativa me parece bueno siempre que no se busque un beneficio ilegítimo, una ventaja ilegal o un daño ajeno. Cambien verdad por justicia y podremos compartir que, realmente, no cabe secreto ni corporativismo cuando la justicia, la ley o la libre asociación de las personas se ven comprometidas. Guardar un secreto es discreción; mantener en secreto un delito es, que yo sepa, delito. Aquello fue una barbaridad y, desde luego, un acto de auténtico valor destaparlo. Le debemos memoria a aquellos muchachos y reconocimiento a esos periodistas[9]».

---

9 Testimonio en exclusiva para este trabajo del catedrático de la Universidad de Almería Manuel López Muñoz, 2 de mayo de 2021.

3

LAS MADRES. EL GRITO DE DESGARRO QUE AÚN RESUENA

Las madres dejaron frases impactantes que sacudieron a la sociedad española. Eran verdaderos aforismos catárticos, sacados del dolor, que encerraban inteligencia e indignación por igual. Tamaño brote de sabiduría espontánea salía de manera natural por la necesidad de gritar lo que solo alberga el alma de una madre. María Morales Mañas (El Alquián, 1935-Pechina, 2023), madre de Juan Mañas, siempre fue amable conmigo. Tras sus muecas de dolor, sacaba gestos de bondad para aquel que se acercaba a consolarla o a preguntar por su Juan.

El día 10 de mayo, cuando el *telediario* de mediodía informó del fallecimiento de tres personas en Almería, y presuntos terroristas de ETA, María supo de inmediato dos cosas: que su hijo y sus amigos eran los fallecidos, después de más de un día sin saber de su paradero, y que había una gran mentira o un gran error, o ambos, puesto que su hijo no era terrorista ni tendría amigos de esa calaña. También en ese momento le sacudió un escalofrío de tristeza que la inundó para siempre, indeleble y perdurable hasta que le llegara su propia muerte. Su marido, José Mañas Cazorla (Pechina, Almería, 1930 – 2011), salió apresuradamente de casa para buscarlos y poner sendas, e inútiles ya, denuncias de desaparición en la comisaría y en la comandancia.

La comunicación oficial no le llegó a la familia de Pechina hasta el día 11, un día y medio después de la muerte de los tres amigos en la carretera de Gérgal, un punto maldito que paradójicamente solo estaba unos 15 minutos del domicilio familiar, y un día justo desde ese escalofrío que sintió al ver la confusa noticia de televisión.

«¡Ay, mi Juan, que me lo han matado!» Ese era el grito constante de María en el velatorio de su hijo, que se realizó en un almacén familiar en Pechina; ese era el escalofrío que se quedó para siempre en su alma. Y en lugar de ser sofocado, ese dolor fue a más, como leña al fuego, porque María sentía que su hijo no había muerto, sino que lo habían asesinado, que lo habían calumniado y que ahora lo querían enterrar con la mentira como sudario. Tres veces se lo habían matado, a palos, a tiros y quemado. Insoportable para una madre. El día que enterraron a su hijo también la enterraron a ella en vida, pero quedaba un hilo de fuerza que la mantenía en el velatorio, la justicia y una reparación digna, con una frase constante que añadía a su desgarro durante aquellas horas previas al sepelio: «Tengo que ir a Almería para conocer a los criminales que me han quitado a mi hijo».

En Almería estuvo, un año después, esta madre coraje, como la definió su hija María del Carmen Mañas, para asistir a las sesiones del juicio, o al menos a todas aquellas en las que no era expulsada por el juez. Ocurría que a veces saltaba de su silla con el resorte de la ira indignada por tanta mentira y tanto engaño, y bramaba contra algunos imputados y sus testimonios. «¡Mentiroso! Gritaba algunas veces; otras, era la desesperación insoportable la que clamaba: ¡Te tenían que cortar la lengua por embustero!».

Hubo momentos en los que simplemente se ponía a llorar en la sala cuando no aguantaba la presión ni la dureza de las pruebas forenses.

La madre de Juan Mañas no dejó de pedir justicia para su hijo y sus compañeros ante las puertas de la Audiencia. «Yo no digo que todos son culpables, pero aquellos que lo hayan hecho deben pagar con lo que establece la ley. Que no se tapen con dinero ni con ningún otro engaño», solía añadir María Morales.

Al conocer la sentencia mostró su enfado porque no hubo calificación de asesinato y porque «esperaba más años de penas». Luego soltó una bravuconada desesperada, como el que lanza un puñetazo al aire aun a sabiendas de que no va a ningún sitio: «Es preferible que suelten a los guardias civiles. La familia se hará cargo de ellos». Esa desafortunada frase la matizó, para suavizarla, en una especie de arrepentimiento cinco años después. No obstante, los años pasaban, pero permanecía el martillo de la injusticia en la cabeza de María. En mayo de 1991 volvía su reivindicación: «Todavía hay gente fuera que participó en el crimen y que debe pagar por ello».

Durante décadas María Morales recibió a periodistas de toda España,

También mostraba sus fetiches tenebrosos, tesoros que la calmaban, como si con ellos meciera a su hijo con amor maternal: «Esto es todo lo que me han dejado de mi hijo», solía decir, mientras depositaba en la mano una ennegrecida medalla con una Virgen que su hijo tenía colgada al cuello desde niño, y también un trozo del tacón de su zapato. Eso, y un trozo del cráneo de su hijo, que cuidaba y al que se aferraba como si fuera su bebé indefenso.

La pena de María solo acabó con su propia muerte en 2023. A su funeral en Pechina acudieron personas de relevancia en la sociedad almeriense, que lucharon por la justicia desde el primer momento, entre ellos la exsenadora Martirio Tesoro, los profesores Mariano Junco y Miguel Moya, así como el presidente de la asociación de vecinos La Traíña, Pepillo el Barbero.

El reportaje elaborado para *Los Reporteros*, programa de Canal Sur Televisión, la periodista Antonia Álvarez Delgado (Encinasola, Huelva, 1961) entrevistó a los padres de Juan Mañas, distintos personajes, testigos y a varios periodistas como Ramos,

Blanco y a este autor[10]. Antonia Álvarez me dijo el 26 de abril de 2021: «Todavía sigo acordándome de María, la madre, y no se me va de la cabeza cuando nos mostró un trozo del cráneo de su hijo. Esos muchachos debieron pensar que era un sueño al no buscarle razón al sufrimiento que tuvieron. Murieron sin saber por qué. Ese reportaje, me ha marcado o cuando te hicimos una entrevista en la sala de autopsias del cementerio y nos dijiste una expresión inolvidable, cuerpos que parecían colañas, piezas de madera de color negro».

Quema de recuerdos

La periodista Olivia Carballar que fue alumna de Antonio Ramos y amiga personal de este periodista acompañó a las familias en el homenaje que se les tributó en Cantabria.

¿Quién puede mirar a la cara a María? ¿Quién? ¿Quién puede sentarse delante de una mujer que guardó durante años un trozo de cráneo que halló en el lugar de los hechos? Su hija, Mari Carmen, la describe como una mujer fuerte, resistente: »Cuando al principio fuimos al monolito que se levantó en honor a mi hermano y los amigos en Gérgal, mi madre se encontró un trozo de cráneo y decía que era de él, de Juan. Lo cogió y se lo metió en el bolsillo y se tiró con el cráneo guardado años y años. Tú dime a mí, para una niña con 15 años y para un niño como Francisco Javier, lo que aquello puede ir creando dentro. Y no tuvimos ayuda psicológica ninguna. Yo veía a mi madre todos los días, con el trozo de cráneo, con los recortes de periódicos y con varias pertenencias de él, un trozo de jersey que le trajeron en un sobre. Me acuerdo cuando él llegó aquel último día a Almería. Me acuerdo de que me había comprado un jersey de hilo, era por este tiempo, como ahora, y me dijo 'ay, déjame el jersey que me lo ponga'. Lo mataron con ese jersey. Y le trajeron a mi madre

---

10 Álvarez, Antonia, amplio reportaje para el programa *Los Reporteros* de Canal Sur Televisión, 10 de mayo de 1991.

el trozo de jersey con trozos de carne pegada. ¿Tú como vives ese día a día con esa edad? Eso era así todos los días, la única niña en la familia, me lo tragaba todo».

Mari Carmen se desahoga y recrea esta conversación entre ella y su madre un día cualquiera, bastantes años después del crimen. Su madre estaba haciendo un fuego.

—¿Pero qué haces, mamá?
—Se acabó, ya no hay más.
—¿Pero qué estás haciendo?
—Quemando recuerdos. Porque esto me está destrozando.

«Lo quemó todo. Los periódicos, el trozo de cráneo, todo. Y nos estaba destrozando a nosotros también. Yo le decía que tenía más hijos por los que vivir y seguir luchando. Cuando se casó mi hermano Antonio llevaba una gasa negra y la obligamos a que se la quitara. Era la madrina. Luego vino el juicio, y hemos recibido muchas amenazas por parte de la gente mala, o gente sin corazón. Nosotros íbamos al juicio y gente joven de ultraderecha nos escupía cuando pasábamos por su lado. Siempre hemos estado en un sinvivir. A mí me sigue doliendo, me duele todavía. Pero si él está en algún sitio quiero que su cuerpo esté tranquilo y en paz, que sepa que estamos luchando por la persona que era», relata Mari Carmen sin ningún rastro de miedo a hablar.

Para ella, su hermano Juan era su luz: «Él me decía que me viniera a trabajar con él aquí, a Santander. Cada vez que iba a Almería, para mí era una fiesta, lo más grande. Y esto, claro, nos marcó la vida. Y la vida, por cierto, siguió pasando. Yo tengo dos hijos. Mi hija tiene 23 años y mi hijo 18. Ellos han vivido también con esa historia. Se lo he explicado todo. Y ahora estamos luchando, además, para que cuando nosotros no estemos continúen peleando ellos por la dignidad de mi hermano y sus dos amigos, para que sean considerados como víctimas del terrorismo. Qué tiempos», suspira. «Me acuerdo también de María

Asensio. La mataron en Huércal Overa en una protesta vecinal pidiendo agua. Qué tiempos. Lo que queremos también es que los que participaron y aún vivan no se vayan a la tumba sin contarlo. Porque nos costó mucho trabajo volver a la normalidad».

Porque fue de pronto. Un día –no habían pasado ni tres meses del intento de golpe de Estado del 23-F–, vienen y te dicen que tienes un hermano terrorista. «Imagina –propone Mari Carmen como algo improbable–. Imagina eso, que te dicen que tu hermano es de ETA. Llegas incluso a dudar, con todo lo que dicen. Porque claro, él estaba aquí en Santander, pero no sabíamos con quién andaba. De todas formas, mis principios me decían que no, que no podía ser de ninguna de las maneras porque yo conocía muy bien a Juan, porque Juan era una persona especial. Pero claro, lo acusaban de etarra. Fue muy duro. Nada más pasar aquello, estuve una semana sin comer nada, se me cerró el estómago». Dice Mari Carmen que ha pensado muchas veces en escribir un libro: «Tengo el título buscado: *Viviendo a la sombra de la justicia*», extraordinario documento de Carballar, que sigue con el periodismo de investigación y análisis, actualmente en lamarea.com.

El desafío de una madre a un ministro

«No los busquéis más, que nos los han quemado». Así de lacónica, directa y dura fue la llamada telefónica de Antonio Mañas, hermano del fallecido Juan, a la familia de su otro amigo en Santander. Dolores Mier, madre de Luis Cobo, seguía insistiendo en que debía ser un error, y no podía creer lo que les decía Antonio. Conocieron la noticia 36 horas después del crimen de la carretera de Gérgal.

Luego, con el alma rota, Dolores dejaba expresiones escalofriantes. «Ha sido un vil asesinato. Es el mayor crimen que han podido cometer con unos chicos inocentes. Me moriré sin perdonar a quien los ha difamado. Ellos han muerto por un error asqueroso, pero despúes han difamado su nombre. Les han acusado de bandidos, de delincuentes vulgares. Y eso no lo puedo perdonar. Me moriré con esa creencia y que Dios me perdone, porque soy católica. Eso no se lo perdono a nadie, aunque me condene. Eso lo he dicho y lo sigo diciendo».

Su mayor acto de coraje fue contestar con firmeza a todo un ministro. Dolores Mier quiso plantear al ministro del Interior, Juan José Rosón, una duda razonada. Si todo había sido un trágico error, ¿por qué el cadáver de su hijo se encontraba sin extremidades?

«¿Dónde están los brazos y las piernas de mi hijo Luis?», le espetó a Rosón cuando este había anunciado que todo había sido un error. ¡Y qué contestar a eso! Silencio. En otra ocasión apuntó desde Santander un detalle paradójico: «Los han matado los que él siempre defendió». Su hijo Luis era un hombre bueno y recto, que sentía afecto y respeto por la Benemérita.

Dolores Mier no se quedó ahí. Escribió una carta al Rey Juan Carlos, pidiendo justicia y gritando su dolor. En uno de los párrafos de esa misiva se extrae una información relevante: «Cuando los mataron ya sabían que eran inocentes, pues el teniente Feijoo ya les había mandado toda la información, que no podía ser más que buena, como era él, y buen español». Se deduce entonces que habían pedido información a un mando de la Guardia Civil de Santander sobre Luis Cobo, y que sabían que era una persona sin referencias delictivas de ningún tipo. Esto aumentaba el grado del delito, la negligencia y la obcecación, además de la mentira infundada y urdida para maquillar lo imposible.

«Pido que el nombre de mi hijo quede públicamente limpio y que los que los mataron no vuelvan a vestir el uniforme». Eran las peticiones, humildes y desgarradoras que hacía Dolores en esa carta al entonces rey, Juan Carlos I. La familia Mier tenía estima y simpatía por la Guardia Civil.

Recluida de la realidad hasta el Alzheimer

De la madre de Luis Montero, María Luisa García Martín (Fuente de San Esteban, Salamanca, 1905-Santander, 1988), nunca se supo, y tampoco se escuchó ninguna declaración. Es impactante conocer que el motivo fue la decisión de la propia familia de recluirla en una casa, lo más aislada posible, para evitar cualquier noticia relacionada con el caso, con el fin de protegerla del choque emocional que le hubiera producido saber la verdad. Y para completar el aislamiento la familia vetó voluntariamente los *telediarios*, los noticieros, la prensa y las noticias. Silencio por doquier para darle la espalda a los hechos irreversibles. Ya le supuso un trauma enorme que le dijeran que su hijo había muerto en un accidente de tráfico. Nada más, y nada menos. Algo que de por sí es suficiente para marcar las vidas de sus familiares. Sabían que no sobreviviría al dolor infinito de añadir al deceso de su hijo las circunstancias reales de su muerte, y le mintieron. Una mentira tan enorme como piadosa. La otra mentira alternativa, la oficial, hubiera sido lacerante, hipócrita y cruel. Que su hijo era un terrorista, que estaba hecho añicos, pero no había sido torturado, que estaba agujereado a tiros y carbonizado porque intentó huir desde el interior de un coche con las manos atadas... Un relato cínico que desvelaba a su vez una realidad insoportable que la hubiera llevado directa a la tumba. Y en su tristeza ignorante permaneció la madre de Luis Montero hasta que el Alzheimer la privó de la memoria, y con ello la liberó del peso de la consciencia lúcida y su cruda melancólica añoranza.

«María Luisa ignora», escribió Antonio Ramos Espejo, «que las radiografías daban en el cuerpo de su hijo cinco balas. Supo solo de una muerte por accidente y maldijo la mala hora en que a Luis y a sus amigos se les había ocurrido hacer un viaje tan largo, tan largo, que no ha tenido retorno. Y ella sigue sin saber qué extraño secreto le guardan las montañas».

Socorro Montero, hermana de Luis Montero, recordó que su hermano compró un piso mejor para irse con su madre María Luisa, y estar más cerca de ella: «Han torturado y matado a unos inocentes y tienen la obligación de hacer justicia. Pero no tienen corazón. En Muriedas, Socorro tuvo que enfrentarse al huracán inesperado, que soplaba del Sur y entraba en su casa abriéndola de par en par hasta inundarla de muerte». «Hasta el lunes (11 de mayo de 1981), a las dos y veinte, no supimos con seguridad que uno de los muertos de Almería era nuestro hermano. Llegaron dos señores a entregarnos un papel, sin timbrar ni nada, en el que se leía Juzgado de Instrucción número 3 de Almería. Depósito Anatómico Forense. Estos señores eran guardias civiles de paisano y trajeron esa comunicación para que fuésemos a Almería a reconocer el cadáver. Entonces, empezaron a movernos. Teníamos que ir a Almería y procurar que nuestra madre no se enterara porque estaba enferma, y de haber sabido con detalle la muerte de mi hermano, no por accidente de circulación como le dijimos, sino de la manera tan bárbara que fue, se nos muere ella también. Avisé a mi hermano Faustino que estaba en Barcelona, a mi hermana María Luisa en Madrid, y a mi hermana Vicenta, para que se quedara con la madre. No tuvimos más comunicación oficial que una esquela con la dirección de Almería para reconocimiento del cadáver. Hemos pedido mil explicaciones, que se aclararan, que nos dijeran algo. Y todavía nos decían que nosotros estábamos envenenando a la Guardia Civil. No señor, los que están envenenando son ellos por no actuar con claridad. Si hay unos señores que no deben estar en el Cuerpo, que los echen. Nosotros cuando hablamos decimos que paguen los responsables, no estamos atacando al Cuerpo, sino a los que han cometido esa barbaridad», explicaron los hermanos de Montero García a Ramos Espejo.

Socorro Montero también envió una carta al abogado Darío Fernández, fechada el 10 de junio de 1981, justo un mes después del caso. En la misiva revelaba una conversación desconcertante que había mantenido por teléfono el día siguiente del terrible suceso. El 11 de mayo, cuando ya sabía del fallecimiento trágico de su hermano, a las 11 de la noche, llamó un guardia civil a Socorro conminándola a realizar el viaje a Almería para proceder a la identificación del cuerpo. Socorro le espetó al guardia que no eran horas de llamar por teléfono y que su hermano «no era ni terrorista ni delincuente, que no era capaz de levantar la vista a nadie». La contestación telefónica del guardia la dejó aturdida: «que ya sabían quien era mi hermano, que había sido una víctima inocente, pero que tenía malas compañías». Además, en esa carta Socorro también informó a Darío que «antes de las ocho de la mañana de este mismo día (11 de mayo) habían estado preguntando por su conducta en Herrera de Camargo y FYESA, donde trabajaba».

Javier Diego Montero (Santander, 1967), aparejador, hijo de Socorro Montero cruzó España en coche, emulando el viaje de los fallecidos y al posterior reportaje del periodista Antonio Ramos, quien escribió *Mil kilómetros al Sur*. Javier Diego reitera el sufrimiento de las familias y denuncia la falta de sensibilidad de los distintos responsables gubernamentales para con las familias. «Mi madre Socorro y mi tío Faustino sufrieron lo que no está escrito. Tuvieron que aguantar la propaganda oficial de que eran terroristas o delincuentes. Menos mal que el pueblo de Cantabria respondió y el Gobierno con el acto de Almería, pidiendo perdón y la entrega de diplomas».

Entierros multitudinarios

Al día siguiente de la muerte de los tres jóvenes, lunes, 11 de mayo de 1981, el juez recomendó a la familia de Juan Mañas que no vieran el cadáver, que se encontraba destrozado y carbonizado. La familia Mañas veló el cadáver durante la noche del lunes. Los cadáveres de Montero y Cobo permanecieron en unas cámaras frigoríficas del antiguo Hospital Psiquiátrico a la espera de la decisión judicial de trasladarlos a Santander. El entierro de Juan Mañas se produjo a las seis de la tarde del martes con más de tres mil personas indignadas que se fueron turnando para el traslado del cuerpo a hombros hasta el cementerio, tras la misa. Al hacerse cargo de la acusación, Darío Fernández declaró: «Ver los cadáveres fue espeluznante, cadáveres destrozados». A *El Periódico de Catalunya* confesó: «A nivel humano me impresionó el momento en el que se extrajeron dos ataúdes con sendos cadáveres que, marcados con las letras A y B y al parecer correspondientes a los santanderinos Cobo y Montero, estaban en los frigoríficos del Hospital Psiquiátrico de Almería».

Los comentarios de vecinos y del padre de una familia rota, José Mañas Cazorla, eran referirse a la honradez y trayectoria de su hijo de cuerpo presente. «En Ferrocarriles ganaba 50.000 pesetas mensuales [300 euros] y la mitad las enviaba a nuestra familia», mientras la madre no paraba de llorar, escenas de dolor tremendas y sollozar con «¡Ay mi Juan, que me lo han matado...!». Para mayor injuria, si cabe, a las familias no les devolvieron las pertenencias personales ni el dinero que portaban los detenidos. Juan Mañas llevaba bastante dinero en metálico para sus padres y para los regalos de la comunión.

Velatorio en Pechina y Hora 25

La noche del velatorio de Juan Mañas tenía previsto abrir el programa de *Hora 25* de la Cadena SER para toda España, con mi compañero de Radio Almería, Diego Miguel García Morel (Almería, 1943-2019). Sin embargo, Diego rompió a llorar y me dijo: «entra tú solo directo que la emoción me supera». El alcalde de Pechina, José Antonio Álvarez, me permitió utilizar el teléfono de su despacho para realizar la conexión en directo y grabar diferentes testimonios para los informativos de Radio Almería, emisora propiedad de Ramón de Rato y asociada a la Cadena

SER. Aquel lunes, 11 de mayo, la tensión se respiraba en Pechina donde se veló a Juan Mañas. Narré, aquella noche del velatorio, los gritos desconsolados de su madre para toda España.

Álvarez declaró jornadas de luto en todo el municipio. Pidió y gestionó plenos de solidaridad de toda la provincia de denuncia y solidaridad con las familias. José María Granados relató para *Ideal* en su columna *El reloj*: «Regresamos de madrugada de Pechina en el 850 de Antonio Torres, Pedro Manuel de la Cruz, Diego Miguel García y el alcalde de Almería Santiago Martínez Cabrejas, al que Torres recogió junto a diversos alcaldes de la provincia que acudieron a solidarizarse con la familia Mañas. El alcalde de Almería era el copiloto y acabamos de madrugada en la cafetería Colombia de El Zapillo, todos derrotados por ver el dolor de una familia inocente», escribió Granados, expresidente de la Asociación de la Prensa que junto al entonces concejal Antonio Sáez Lozano lanzaron la idea en 1989 para que Almería se convirtiera en sede de los Juegos Mediterráneos Almería 2005.

A los pocos días todo el sonido que recogimos en el velatorio y entrevistas durante el día del entierro y posteriores grabaciones nos iban desapareciendo de la propia emisora hasta que en complot con mis colegas de Radio Almería el citado Diego Miguel García y Juanjo del Arco Rodríguez (Almería, 1962), Medalla de Almería, decidimos esconder las cintas etiquetadas en unas estanterías altas de la discoteca de la emisora donde era difícil acceder para guardar todo lo relacionado con el inicio del caso Almería. Esa noche, durante el velatorio en Pechina y en el funeral del día siguiente, se escuchaban los gritos desgarradores de la madre que anunciaba que iría a Almería a conocer «a los criminales que me han quitado a mi hijo». Uno de los hermanos de Juan Mañas, conductor de autobuses, se desmayó varias veces.

Acudieron miles de personas para despedir a Juan Mañas en el entierro de aquel histórico martes por la tarde en Pechina.

El miércoles, 13 de mayo, *Ideal* informó que los grupos parlamentarios del PC y PSOE «han pedido el esclarecimiento de los hechos». En la portada apareció una foto de Mullor en el que se observa a miles de personas tras el féretro de Juan Mañas conducido al cementerio de Pechina a hombros, una imagen espectacular que pone los pelos de punta. *Ideal*, además, informó del día de luto de aquel triste miércoles. Precisamente, en la parte inferior de la foto aparece este periodista, observando la cantidad de personas que quedaban a mi espalda.

Todos los pueblos de la comarca del Bajo Andarax, que son los más cercanos a Pechina, establecieron el luto oficial y la exigencia del esclarecimiento de los hechos, con la excepción del pueblo de Gádor, que se mantuvo al margen.

La Voz de Almería envió a un redactor y al añorado reportero gráfico Juan Salmerón Ramírez (Huécija, 1933-2008) en la tarde del 11 de mayo a Pechina: «Estábamos hablando con nuestro corresponsal Francisco Álvarez Muñoz cuando pasó el furgón con los restos mortales de Juan Mañas. El acto constituyó una auténtica manifestación de duelo. Durante toda la noche, la concurrencia en la capilla ardiente fue numerosa e incesante».

El miércoles 13 de mayo viajaron a Santander, desde Almería, Faustino, hermano de Luis Montero, junto al abogado Darío Fernández, para asistir al entierro de los dos jóvenes santanderinos. Hubo numerosos aplausos de solidaridad con momentos de tensión, según la crónica del extinto diario *Ya*[11]. Por supuesto que las crónicas nocturnas continuaron con la simpatía por los temas almerienses por parte del paisano Luis Miguel Martínez (Purchena, 1953), profesor de la Facultad de Ciencias de la Información de la Universidad Complutense y creador de varios programas de éxito en la autonómica *Onda Madrid*.

---

11   Delgado, Jesús, «Intentaron politizar el entierro de los jóvenes muertos en Almería», *Ya*, 15 de mayo de 1981.

El cine y la televisión al rescate de las madres con su efecto catártico

La película *El caso Almería* (1983) fue dirigida por el guionista y periodista Pedro Costa Musté (Barcelona, 1941 - Torrelodones, 2016), productor de la exitosa *Amantes*. Se estrenó en los cines Imperial de la Avenida Pablo Iglesias de Almería ante mil personas. Hubo un controvertido coloquio en el que intervinieron los actores, como Antonio Banderas, en los albores de su carrera cinematográfica, los periodistas Montserrat Cobos de Radio Cadena Española, Miguel Ángel Blanco y este autor, entre otros, con retransmisión en directo por la citada emisora, moderados por Pedro Manuel de la Cruz. En el acto destacó la entereza de María Morales, madre de Juan Mañas. Al libro de Antonio Ramos Espejo, publicado antes del inicio de la vista oral, le llegó la hora de una película. Costa reconstruyó los hechos a partir de la sentencia, con la presencia de actores como el citado Banderas, Agustín González, Fernando Guillén, Manuel Alexandre, Margarita Calahorra, Iñaki Miramón, Pedro Díez del Corral y Juan Echanove, que además debutaba en la gran pantalla.

María Morales aparece caracterizada por la actriz Margarita Calahorra, con una interpretación que pone la piel de gallina. Es capaz de meterse en situación hasta el punto de sufrir el mismo desgarro insondable que las madres reales. Sus gritos, su llanto, su desesperación. Previamente también transmite incluso la humildad, el cariño y la ternura previa que una madre regala a los invitados de su hijo con esa hospitalidad y generosidad propias del sur. Emociones a raudales que nos transportan a esas madres incondicionales y sufrientes.

«Todos querían», dijo el director, «hacer un nuevo *Crimen de Cuenca* con profusión de escenas de torturas. Pero nos negamos. Nuestra intención fue siempre la de tocar, sin amarillismo, una realidad cercana y creo haber conseguido un filme honesto y riguroso», informó *El País* que concluyó su información. El abogado Darío Fernández no quiso acudir a la proyección, aunque sí quiso hacer una crítica algo controvertida.

El crítico Francisco Marinero calificó la película de muy buena. «La narración dramática», escribió Marinero, «sin definiciones ideológicas, ni el abogado (acusador) ni el militar (Castillo) hacen pronunciamientos que habrían devaluado a los personajes, traicionando el drama y reduciendo su dimensión. La película *El caso Almería* presenta una sociedad que lamenta sinceramente un error, y mantiene su impunidad. Bajo la narración lineal, Costa lleva la película a sus términos adoptando la perspectiva del abogado y haciendo resquebrajarse la autoridad, simbolizada y escudada bajo un uniforme».

La crítica de Diego Galán (Tánger, 1946-Madrid, 2019): «El filme cuenta lo que puede contarse, la vida de los tres jóvenes, que se desplazaban al sur para asistir a una fiesta, y el juicio, que pudo celebrarse tras su desaparición gracias a la energía y el valor del acusador particular. Cuanto sucediera en la penumbra, la posibilidad de torturas, por ejemplo, no aparece en las imágenes. Es un testimonio directo, sobrio, preciso, realizado desde la conciencia de quien cree que el cine tiene aún capacidad para mantener viva la memoria colectiva. No hay excesos oportunistas ni dramatismos innecesarios. En todo caso, sí hay torpeza narrativa. En la carrera de cualquier director, un primer filme suele ser la puesta a punto de cuánto conoce y el balance de lo que ignora. Pedro Costa controla mejor su narración en la segunda parte, cuando el juicio se hace protagonista, pero carece de habilidad para alcanzar la misma seguridad en la primera, cuando va tejiendo la tragedia alrededor de los inocentes muchachos. A ello le ayuda la eficacia de Agustín González y Fernando Guillén y la sensibilidad de Margarita Calahorra».

Miguel Ángel Blanco concluyó su crítica cinematográfica dentro de su sección *Propuesta de Panorama Cultural* de *Ideal*: «La película cumple una misión 'oportunista' del tema, para que sirva de recordatorio de que 'El caso Almería' sigue ahí, en la oscuridad. Y quizá sea su mejor virtud». Antena 3 ofreció la película en octubre de 1994.

El abogado Emilio Esteban Hanza (Canjáyar, 1929-2020) defendió al conjunto de los abogados: «No son mezquinos ni cobardes», criticó, «como profesional afectado repruebo con indignación el sucio método seguido de vilipendiar a toda la abogacía almeriense, en el ansia irrefrenable de encumbrar a un protagonista». Darío Fernández contestó: «Ninguno de ellos [abogados] quiso saludarme. Está claro que quieren hacerme el vacío». El caso Almería estaba en la mente de la mayoría ciudadana.

Antonio Mañas, hermano de Juan Mañas, lamentó: «En la película no hablan de torturas ni relatan bien cuando salen de Santander». Pedro Costa quería rodar en la Urbanización (Roquetas de Mar) donde se produjo la detención de los tres jóvenes. El productor andaluz Francisco Ruiz Aguilera se alarmó porque le intentaron cobrar 150.000 pesetas (900 euros) como tasas. «En Barcelona y Madrid, que son las ciudades más caras, cobran como máximo 29.000 pesetas. Esto es un atraco». Hubo incidentes en Valladolid y Granada durante el estreno de la película. En esta ciudad los descerebrados llegaron hasta provocar el incendio del edificio del cine Regio donde se estrenó, según la información del exredactor de TVE Eduardo Castro para *El País*. La Academia del Cine reunió a los protagonistas y al director Pedro Costa quien rememoró: «En el estreno hubo incendios, cócteles Molotov y amenazas de bomba. En los rodajes en Almería tuvimos algunos problemas. No pudimos alquilar los uniformes de Guardia Civil, los tuvimos que hacer, y también hubo que pintar los jeeps. Se organizó una campaña para que la película se retirara de la cartelera, una presión que funcionó porque los exhibidores más importantes de Madrid no se atrevieron a ponerla en los cines. Benlliure sí la estrenó. La otra cara de la moneda se dio en Almería, donde la gente de los pueblos se trasladó en autobuses para ver el filme. Había gente por todos lados, en un cine se rompieron las puertas. Allí se batió récord».

Periodistas acusaron a la película de no ajustarse a la realidad. Los periodistas le dijimos a Costa que no era para tanto cuando aseguró que nos habíamos cargado el coloquio. «Sin embargo, Miguel Ángel Blanco se enfadó y le dijo que el director no había sido el único amenazado, sino que también lo habían sido los periodistas y no le habían dado tanta publicidad», según la crónica de Guillermo Herrera para el diario *La Crónica*. Los familiares de Juan Mañas salieron en defensa de los periodistas.

El cantautor granadino Carlos Cano homenajea a las madres

Carlos Cano (Granada, 1946-2000) dejó su homenaje al caso Almería con una canción emocional homónima. Algunos estribillos de la letra parafrasean las más famosas, duras y desgarradoras frases que pronunciaron las madres en sus gritos de dolor:

«¿A dónde están los brazos?
¿A dónde están las piernas?
¿A dónde están los gritos que el viento se llevó?»

La intrahistoria de esta composición musical nos lleva a dos amigos suyos y colaboradores, que influyeron con sus duros relatos sobre el suceso a tocar su sensibilidad hasta el punto de crear una canción.

El periodista José Luis Masegosa (Oria, 1957), exdirector de Canal Sur Radio y Televisión en Granada tuvo el privilegio de ser amigo de Carlos Cano, y continúa la relación con su familia. Antonio Muñoz Ferriz (Granada, 1956) productor de Canal Sur, trabajó durante cuatro años junto a Carlos Cano y recuerda los albores de la canción: «Tuve la enorme fortuna de haber podido acompañar a nuestro querido Antonio Ramos Espejo durante su investigación periodística por todos los lugares de la Mancha relacionados con este suceso y que se traducirían en la publicación de su libro, con la inestimable colaboración del abogado Darío Fernández. Estuvimos en Villarrobledo, conocimos y entrevistamos al mecánico al que los tres jóvenes asesinados acudieron cuando se les averió el coche; entrevistamos a la señora que les alquiló el Ford Fiesta verde en Manzanares, conocimos al taxista de la estación de Alcázar de San Juan que los denunció, confundiéndoles con los tres etarras que atentaron contra un alto militar en Madrid. Fueron unos días muy intensos; conocimos a mucha gente que de una forma u otra se relacionó con ellos. Unos años después, trabajando ya con el cantautor Carlos Cano, tuve el honor de inspirarle con mi relato de estos acontecimientos la canción El caso Almería»[12]. «La intensidad de los testimonios de aquel viaje», vuelve con el relato el profesor y periodista José Luis Masegosa Requena, «y algunos de los episodios vividos, como el taxista de Alcázar de San Juan que había delatado a la Guardia Civil la presencia de los tres jóvenes como integrantes del supuesto comando etarra, y que se enteró de que eran las tres víctimas inocentes por boca de Ramos y Muñoz. Eso caló en la sensibilidad del periodista y del productor, quien al regreso no tardó en comentar a Carlos Cano los pormenores de aquellas vivencias, que causaron un gran impacto en el cantautor, pese a que, evidentemente, este ya conocía el suceso por la cobertura de los medios».

Aquellas narraciones protagonizaron no pocas tertulias en un emblemático pub granadino, a las que se sumó en alguna ocasión el cantautor. El disco *Si estuvieran abiertas todas las puertas*, que supuso un punto de inflexión en la línea creativa e interpretativa de Cano, se presentó con un cartel que incluía un comentario de este periodista el día 21 de octubre de 1983 en el desaparecido teatro Salamanca de Madrid, que registró un lleno absoluto. Allí se dio a conocer por vez primera la canción *El caso*

---

12   Entrevista personal con Antonio Muñoz, 4 de enero de 2022.

Almería que Carlos Cano dejó para que no se pierda y, décadas después mantiene sin respuesta su gran incógnita: «¿Qué pasó en Almería?[13]».

Antonio Ramos Espejo también dirigió el documental *Madres de El caso Almería*. Se proyectó en Canal Sur el 18 de octubre de 2008. En el documental intervinieron la abogada Cristina Almeida; Loli Cobo, hermana de Luis Cobo; Socorro Montero, hermana de Luis Montero; María Morales y José Mañas Cazorla, padres de Juan Mañas; Francisco Javier, hermano de Juan Mañas; Darío Fernández; José Emilio Pelayo, periodista de *El Diario Montañés*; Miguel Ángel Blanco y este autor[14].

---

13 Masegosa, José Luis, «Génesis de una canción: El caso Almería», *La Voz de Almería*, 10 de mayo de 2021, p, 20.

14 Ramos Espejo, Antonio, *El caso Almería. Abierto para la historia*, Centro Andaluz del Libro, Sevilla, 2011, pp, 433-445.

4

LA CARTA ANÓNIMA DE 1984
Y EL DOCUMENTO INÉDITO DE
2015 AHORA REVELADO

La carta que rompió el silencio en 1984

El dolor de las madres quiso ser atenuado con una carta anónima confesora. En ella se relataba de primera mano lo ocurrido, desde dentro, contado presuntamente por un guardia civil que, o bien participó directamente en los trágicos acontecimientos, o conocía perfectamente los detalles del caso. Era una carta mecanografiada, con una redacción muy simple y llena de faltas de ortografía, enviada al domicilio de la familia de Juan Mañas en Pechina. Bajo ese estilo equívoco quería, aparentemente, camuflar su identidad, aunque queda reveladoramente claro lo sustancial de la misiva, una verdad horripilante.

En 2011, en el 30 aniversario del caso, el periodista Miguel Ángel Blanco también publicó en *Ideal* la carta de 1984. Después fue recogida por el diario *El Mundo* y en la segunda edición del libro de Antonio Ramos.

El programa *Crónica de una generación trágica*, capitaneado por el periodista y docente Antonio Rubio Campaña (Melilla, 1951), autor de *El origen del GAL*, entrevistó al teniente coronel Victoriano Guillén. El programa, un proyecto de *El Mundo* y Veo Televisión incluyó los nombres completos que aparecían en la carta, como también hizo la redactora jefa de *El País* en Andalucía, Eva Saiz Escolano (Almería, 1976), colaboradora de Cadena SER Andalucía, en un amplio y detallado trabajo para la edición nacional el 18 de febrero de 2023. Todos volvieron a mostrar la carta con los nombres de los guardias civiles a los que hace mención la carta anónima.

Este trabajo reproduce a continuación la carta íntegramente transcrita, pero omite los nombres completos. Presenta sólo las iniciales y las correcciones ortográficas necesarias para hacerla inteligible. La supresión de los nombres señalados originalmente se debe, en definitiva, al hecho de tratar un escrito anónimo con cautela y la debida protección a la intimidad, ya que la carta no sirvió como prueba ni como punto de investigación posterior, además de incluir a personas que no fueron procesadas.

«Mi querida familia, ante el respeto que merecen me dirijo a ustedes para contarles el hecho siguiente, respecto a las extrañas circunstancias de la desgracia de vuestro hijo y compañeros que fallecieron en manos de los asesinos de la Comandancia de esta localidad. Como saben ya de antemano los detuvieron en Roquetas de Mar, los trajeron a la cabecera de la Comandancia, con grandes medidas de seguridad. Acto seguido los trasladaron en los mismos vehículos al cuartel de Casas Fuertes, junto al aeropuerto, donde fueron sometidos a interrogatorio. Acto seguido, ordenó Castillo Quero que tenían que ser sometidos a garrote y pidió voluntarios, saliendo el primero JM, (…). Después salió el sargento C, (…). Otro, el guardia P. Otro, el guardia F (…) Estos fueron los asesinos de vuestro hijo y de los compañeros. Al principio les dieron gran paliza, especialmente por el guardia C, perdiendo uno el conocimiento. Y entonces los mataron con un tiro de pistola a cada uno que recibieron por separado. Posteriormente, los envolvieron en mantas viejas, penetrándolos en un Ford Fiesta en el asiento trasero y al volante, el guardia C, ordenando Castillo Quero que fueran volcados en un sitio que no los viera nadie, y que se les pegara fuego para que no se conocieran los maltratos. Como el guardia C se destacaba, con el dinero de los pobres, ya cadáveres, que fue el que se quedó con él, le echó en San Silvestre gasolina al Ford y una lata de cinco litros llenó, con la que luego después prendió fuego al vehículo en la carretera de Gérgal. Y antes de pegar fuego, con la metralleta de los compañeros, el guardia C gastó dos cargadores de 30 cartuchos cada uno sobre los cadáveres, en combinación con el depósito de la gasolina del Ford. Acto seguido, con el mechero pegó fuego a la gasolina que se derramaba del depósito, añadiendo la que tenía en la lata aparte. Por otra parte, cuando tuvieron que abrir diligencias no querían figurar en ellas, pero como el guardia L, que se incorporó al hecho después de todo y, como estaba aprobado para cabo, los otros le dijeron: ´Este servicio es un buen servicio porque hemos matado a tres terroristas y si tú figuras sacarás el número uno de tu promoción de cabo´. Y cuando él se dio cuenta de lo que había hecho y estaba en Cabo de Gata ya arrestado, todos los días era visitado por numeroso público, tanto del Cuerpo como paisanos, que era mandado por el capitán M (...) Y los guardias que no éramos adictos a estos asesinos, a algunos de ellos los han trasladado de puesto, como uno del Aeropuerto, que dijo en un bar que el chico de Pechina era buena persona, este guardia fue arrestado inmediatamente y trasladado con urgencia a Pozo del Esparto. Sin nada más, se despide un gran amigo de ustedes, que en la actualidad es guardia civil pero no asesino, como en unas declaraciones que se hicieron a la prensa. No me identifico porque sería una cosa no oportuna para mí. Firma: Arriba Pechina. Posdata: Si tienen bien, esta carta quiero que sea vista por el letrado de Santa Fe, Darío, que cumplió nada más con su deber».

El documento inédito ahora revelado: una llamada anónima

Otro episodio similar ocurrió en el año 2015. Se trata de una llamada telefónica anónima que recibió la familia Mañas y cuyos miembros de la generación más joven pudieron grabar y, posteriormente, transcribir. Es vital para comprender la magnitud del caso y sus implicaciones. La llamada está presuntamente realizada por un familiar de uno de los guardias civiles implicados, así se identificó, sin más reseñas ni datos. La información la amasó tras reiteradas conversaciones íntimas y personales en numerosas ocasiones a lo largo de los años al amparo de la complicidad y la confianza familiar.

Es ahora, al hilo de este trabajo, y tras muchas conversaciones con Francisco Javier Mañas, que ha sido revelado, con permiso de la familia. La llamada, el documento, tiene toda la veracidad y credibilidad, puesto que se aportan datos y, sobre todo, nombres y apellidos, que solo pueden ser sabidos por alguien con un elevadísimo conocimiento del caso y con acceso a información privilegiada de primera mano. De hecho algunos datos pertenecen a personas que no están en el sumario ni en ninguna publicación anterior del proceso judicial y que, sin embargo, estaban en los mentideros del caso.

Su intención era arrojar algo más de luz. La llamada ofrece los nombres de todos los implicados en el convoy, algunos de ellos no fueron juzgados, y también la declaración de que hubo, sin embargo, señalados que no tuvieron nada que ver. Apunta a instancias mayores, y deja abierta la duda sobre injustos señalamientos de un lado, y responsables ausentes o absueltos que no debieron serlo.

Una de las aseveraciones más relevantes, sorprendentes e inéditas confirmaría la hipótesis de las torturas puesto que, según este anónimo, los tres amigos ya eran cadáveres cuando fueron trasladados en el Ford Fiesta para fabricar, posteriomente, la coartada del intento de huida y la eliminación de prueba. Es decir, los informes forenses que admitían a pesar del informe forense que la muerte por inhalación de humo, el tiroteo e incendio del vehículo serían una farsa, confirmada por el anónimo, que se produjo contra tres cadáveres en realidad. Esto ya era algo con lo que se especulaba y sospechaba ampliamente.

No obstante, la duda también puede surgir no solo por el informe forense, sino también por mi propia constatación como investigador, al comprobar el examen de una fotografía del sumario que por su dureza no he tenido a bien incluir. En ella se aprecia a uno de los fallecidos en el asiento trasero del coche calcinado, con el rigor mortis en pose de intentar escapar del fuego por la ventana trasera del vehículo. He de reconocer también que la interpretación de la foto podría ser más amplia, aunque de ser así, al menos uno de ellos sí estaba vivo antes o durante el incendio del Ford Fiesta. Nos vuelve a la memoria a frase que ya hemos reiterado desde el inicio de esta historia: «los heridos ya han sido evacuados».

A continuación reproducimos el revelador documento, la transcripción de la llamada de teléfono recibida el 12 de marzo de 2015 que fue grabada por la familia. Por cuestiones obvias de privacidad e intimidad hemos sustituido cada uno de los nombres completos que aparecen por una sencilla X. Este documento, aun con todo su valor y veracidad contrastada, es tratado como un anónimo que no ha sido aportado ni validado como prueba judicial. El original completo lo custodia la familia Mañas.

ANÓNIMO: «Yo se lo comenté a su hijo, yo, mi intención es solamente dar algunas reseñas y dar nombres de las personas realmente que estuvieron ese día, yo se lo comenté a su hijo, mi intención no es ninguna, yo no quiero nada, yo lo único que quiero que usted sepa la verdad y va a ser mi última llamada, sabes, yo lo único que quiero es dar unos nombres, decir lo que paso realmente y para que se sepa la verdad, porque yo soy un familiar y yo entiendo que ha habido muchísimos errores y que ha pagado gente que no tiene que pagar. Entiendo que lo que pasó no está bien, pero también es verdad que no tenga que pagar gente que lo ha pagado y otros se hayan llevado (…), no sé si usted me entiende, yo lo único que quiero es dar los nombres de las personas que estuvieron ese día y lo que pasó realmente y ya está, sabe. Yo no quiero hacer ningún tipo más de llamada ni hacer nada. Yo lo que quiero es que ustedes sepan esto para que realmente sepan lo que ha pasado, más vale tarde que nunca, pero… esa es mi única intención, no quiero nada más.

A.M.: Sí, sí, sí

ANÓNIMO: Realmente tiene algún interés o algo o no lo tendrá, pero si no lo tiene me lo dice usted y ya está.

A.M.: Lo que pasa es que yo estoy mayor… ya, le paso con mi hijo

ANÓNIMO: «Yo lo que quiero que usted me entienda, que mi intención es esa, yo me imagino que usted ya será mayor»

J.A.M.: Hola,

ANÓNIMO: Hola, buenas

J.A.M.: Soy Juan Antonio

ANÓNIMO: «Vale un placer, yo no sé si estuve hablando contigo»

J.A.M.: Sí, conmigo fue el domingo, siento que mi tío no ha podido venir, está un poco liado con el trabajo

ANÓNIMO: «No te acuerdas. Te comenté que mi intención solamente era dar nombres de las personas que intervinieron ese día, sabes, y realmente de lo que sucedió, yo lo que le he comentado a tu padre, yo soy un familiar directo de unos de los implicados. No te voy a decir mi nombre. No merece la pena porque yo tampoco quiero buscar nada. Lo único que quiero es decirte lo que pasó en su día.

J.A.M.: Vale, perfecto.

ANÓNIMO: Entonces yo si quieres, más o menos te digo lo que pasó así rápido porque más o menos la secuencia ya la sabes.

Lo único que quiero es comentarte que todo lo que sucedió, sucedió en el cuartel de la playa. Sabes, en el cuartel viejo que había en la playa y que de allí no salieron vivos, el resto de la secuencia es la misma que había primeramente. Lo único es eso, que ni le dispararon en el camino ni en el punto donde se dirigían, que era el barranco de Gérgal. Ellos realmente salieron ya fallecidos del cuartel de la playa.

J.A.M.: Entonces el humo que encontraron en la autopsia

ANÓNIMO: «Una cosa es que los quemaron a posterior. Ellos ya salieron fallecidos del cuartel, llámale maltrato o lo que quieras o lo que tu veas porque es así la realidad, lo que hicieron está muy mal vale, pero salieron ya fallecidos del cuartel por todas las personas que estuvieron allí. Si quieres, ¿tienes ahí para apuntar? Todo sucedió en el cuartel de la playa, pues eso sucedió todo allí y salieron ya muertos al punto donde se quemaron los vehículos, se produjo el tiroteo y tal, pero eso, ya estaban fallecidos. Entonces yo, si quieres, te doy una relación de las personas que estuvieron allí. Estas personas que yo te voy a dar, si lo quieres comprobar tú algún día y te apetece darte una vuelta o algo, estas personas, tú sabes, bueno, esto a lo mejor lo saben tus padres, obtuvieron un beneficio del Estado. Les dieron dinero a todos para callarles la boca y cerrarles la boca a toda esta gente que habían cometido este delito. Hoy día se considera un delito, tanto de tortura y de maltrato y de todo y esta gente les dieron un dinero que no sé exactamente la cantidad y les dieron también un chalet, está en X, unos chalets que ya tendrán aproximadamente 20 años y están al lado de la playa de color blanco, unos de los primeros chalets que se hicieron en la zona, si algún día te quieres pasar, hay unos 16 chalets. Fueron concedidos por la dirección general de la Guardia Civil a estos señores para callarles la boca. Son de los que yo te voy a dar la relación ahora. Lo que tú hagas con ella luego me da igual, mi intención no es ninguna, yo lo único que quiero es que sepas lo que pasó, que no es lo que se redacta en el libro ni en la película ni nada».

J.A.M.: No, si al final nunca se ha sabido lo que ocurrió exactamente.

ANÓNIMO: Lo que ha pasado aquí es que han pagado ciertas personas, han pagado por inocentes y por tontos a costa de amenazas. Está comprobado de sobra que ellos no saben nada, es que ellos ni estuvieron excepto una persona, que es el teniente coronel. Te lo comento así por encima. Yo le he dicho a tu padre hace un momento que yo no quiero hacer ninguna llamada más. De los que están implicados y eso se sabe de sobra y sabes que en su día hubo muchas amenazas, amenazas a la familia, amenazas a estos propios también. Parece que no, pero es un hecho que en esa época las amenazas de muerte y tal para callar la boca, pues no es igual que hoy en día. En aquella época es diferente y entonces lo que yo te voy a decir, esto ya venía mandado desde Madrid, desde la dirección. Había sido un error que (pagaron) en su día que les había salido muy mal y lo quisieron tapar. Uno de los mayores implicados, que ya está fallecido ese si lo conocerás tú que es X, vale, ese si lo conoces. Yo te voy a dar nombres de los que estuvieron esa noche, bueno esa noche no, las dos noches anteriores en el cuartel donde se había producido el tema de maltratos y de todo. Uno de ellos es el guardia X, otro es el sargento X. Ten en cuenta que esta gente, se les suma todos los años que han pasado. Otro es el sargento X, otro es el cabo X y este que te voy a decir ahora que es X. Llevaron a las tres víctimas, justo donde quemaron el coche y lo tirotearon después de que ya estaban fallecidos. Te voy a dar otros nombres de los que también estuvieron y no hicieron nada que son testigos por si algún día queréis hacer cualquier cosa. Otro es X. Luego están los más implicados que son los que realmente intentaron tapar todo. Que pagasen estas personas, vale, es X. Este fue uno de los mayores implicados. Este fue el que falsificó toda la documentación y el que quemó toda la documentación, vale. Ahora te voy a dar el nombre de un X que realmente estuvo, no hizo nada, pero vio todo, ni tiro para lo malo ni tiro para lo bueno, no quiso manifestar la verdad, pero tampoco dijo nada más. Por si algún día quieres sacar alguna información, se llama X. Este hombre no quiso participar, pero tampoco dijo toda la verdad y este hombre sabe toda la verdad y luego hay un señor que es X, mandado por X. Te vuelvo a repetir, toda esta fue la gente que estuvo ahí. Toda esta gente, quitando a X, tiene su casita en la playa. Vale, toda esta gente se le calló dándole un dinero y dándole una casa, vale, mientras los otros no tienen ningún beneficio de esto, entiendes, entonces como yo te he comentado al principio, yo soy familiar y mi intención es (...) hacer declaraciones juradas escritas y mandarlas a cierto sitio, a cierto organismo. Yo el día que fallezca este familiar, si tengo pensado sacarlo, no sacarlo sino mandarlo a algún periódico y que salga, pero que no hayan pasado 200 años. Lo que te he comentado al principio yo solo quiero que se sepa, lo único que quiero es eso. Te he dado los nombres de las personas que estuvieron allí, te he dado el de X que tiene todo tipo de información. Yo creo que era una de las personas que no quería... que no entró en la movida, pero tampoco dijo la verdad. Sabes, seguramente este hombre si diga la verdad. Yo la cuestión es esa. Toda la relación que te dado de la gente que son (....) tienen todos sus chalets, que están todos seguidos, vale, mira si son tontos que encima pusieron todos los chalets seguidos, en vez de ponerlos salteados tal , tal...Y el suceso es realmente lo que te he comentado. Todo sucedió en el cuartelillo de la playa que es lo que pone en el libro, pero que toda la tortura se realizó allí. No se hizo fuera, ni se intentaron matar fuera del punto exactamente

(…) no se hizo en días anteriores. Eso es lo único que hay realmente y no hay otra cosa. Hay paja y tal pero que no interesa porque es lo que vosotros tenéis y me imagino que vosotros también sabéis algo. No sé si sabéis algo, pero que realmente yo he visto la película. También se sacó un libro en el 2014, también sacó una versión un guardia que no dio el nombre que dio una versión parecida a lo que hubo, pero no tiene nada que ver. Estos lo (…) vosotros como queráis que a mí me da igual. No voy a hacer ningún tipo de llamada más. Yo lo único que si voy a pedir... yo he conseguido el teléfono este, me ha costado mucho trabajo, porque yo me meto mucho en los foros, vale, y me empecé a meter con tu tío Javier, con Francisco Javier en el tema de Facebook y tal, y hasta que lo encontré al él y a partir de ahí empecé a sacar teléfonos. Entonces, si él quiere que algún día le llame que ponga un número de teléfono en el Facebook suyo o algo y si quiere algún tipo de información más, pues que ponga el teléfono.

J.A.M.: Vale perfecto... se lo comento.

ANÓNIMO: Y si veo que no está, pues nada, no sé si quieres hacer alguna pregunta.

J.A.M.: No.. yo supongo que serás algún familiar que se haya acusado falsamente o algo así.

ANÓNIMO: Sí, pero no te puedo decir nombre. No te pido que me pidas disculpas... si te diese mi nombre, entonces significa que yo quiero algo, vale, y yo no quiero nada.

J.A.M.: No, si no estaba preguntado eso, simplemente es por saber un poco … el porqué ahora esta situación.

ANÓNIMO: Sabes por qué, porque lo papeles los he encontrado hace poco, entiendes, no te creas tú que esto es tan fácil después de tantos años, y toda la documentación la he encontrado hace poco, no hace mucho tiempo, pero lo que pasa es que no te quiero dar mi nombre porque es absurdo y yo realmente no quiero nada. Yo si quieres alguna pregunta más así. Si quieres le dices a tu tío, oye mira me ha dicho este señor que si quieres pones el número de teléfono, el Facebook con alguna referencia, o algo llamo a este mismo teléfono, oye mira llama para preguntar. Cualquier cosa, cualquier señal que ponga, pues yo lo voy a saber. Yo me engancho así sabes que en el Facebook se sacan los nombres y se saca todo, vale. Entonces si yo veo alguna señal, llamo algún día o si quiere hablar conmigo... lo que realmente la secuencia es esa, una secuencia muy rápida, pero vale, entiendes, vale, no sé como lo quieres llamar tú, es familia tuya pero yo lo llamaría una barbaridad, entiendes.

J.A.M.: Fue un asesinato y...

ANÓNIMO: Yo lo llamo una barbaridad, pero también te puedo decir que no se puede pagar justo por pecado. En la empresa esta hay gente buena también. No quiere decir que por culpa de un sinvergüenza los demás también sean igual. Yo sé que estos familiares pagaron en su día, pagaron muy caro también, no igual que vosotros porque no es igual la muerte de un familiar, lo otro siempre con los años se pasa, vale, para lo bueno o para lo malo siempre se pasa. Está claro que no es igual que el fallecimiento de un familiar. Todo esto tiene que salir, tarde o temprano tiene que salir

J.A.M.: Lo bueno es que poco a poco se vaya sabiendo la verdad, nunca está de mas...

ANÓNIMO: Mira, yo, si te digo la verdad estoy muy interesado porque como yo me meto en los foros y tal yo sé que tu abuela a una revista y luego también comentó en televisión que ella le gustaría antes de fallecer saber la verdad ya que las otras dos madres han fallecido. Entonces, yo más o menos lo he hecho por ahí, vale, y esto es lo único que te puedo decir. Sabes, que no lo queréis tomar tal, me da igual sabes, pero es lo que está escrito. Lo que está claro que cualquier persona que investigue esto en su día, esto afectaba mucho a la

Guardia Civil. Hace treinta años no era igual que ahora y la política que podía haber en su día no es la misma que pueda haber ahora. Entonces, se calló, se actuó mal. Se calló muchísima gente a base de amenazas, a base de dinero y a base de todo, vale, no es igual que hoy. Hoy en día es diferente, pero tarde o temprano se tiene que saber la verdad, pueden pasar muchos años, pero yo creo que la verdad si se puede saber y esto es lo único que.... Tú se lo comentas a tu tío

J.A.M.: Una cosa más, no hay información así sobre lo que ocurrió por si hay algo que...

ANÓNIMO: Lo que está claro que eso no es de tres personas, yo lo que quiero que sepas, eso cualquier persona que trabaja en este mundo sabe que eso no lo pueden hacer tres personas, tiene que haber muchísima gente metida.

J.A.M.: Nosotros la información que tenemos era esa, que habían sido once, tres de ellos si se sabía y los ocho quedaron impunes.

ANÓNIMO: «Yo lo único que te puedo comentar es eso, no te puedo comentar nada más, si ya te comento algo más vas a saber, quién soy y si te digo la verdad no quiero que lo sepas. No lo hago con intención de malicia ni con ningún otro tipo de intención, yo solamente lo hago por eso, ahora es lo que te he comentado ya y va ser lo último, si quieres que me ponga en contacto o algo pues se lo dices a tu tío y con alguna señal, oye, llámame cuando puedas o cualquier cosa en el Facebook, pon la fotografía y tal, si quieres pues llamo otro día. Vale, pues nada lo siento mucho. Ten en cuenta que yo me encuentro en una situación un poco rara sabes, y es porque contar esto no es tan fácil y aparte yo puedo pensar no sé por dónde lo vais a coger, entiendes, pero que es esto lo que hay y no hay otra cosa. Vosotros ya mirarlo por donde queráis y si no pues ya está, ya lo tenéis y ya por lo menos sabéis que es lo que pasó realmente y que no fallecieron en el punto exacto de la carretera donde habían dicho, sino que fallecieron la noche anterior, fallecieron por torturas y maltrato, vale que no fue de la otra forma. Bueno ha sido un placer hablar contigo y con tu padre y lo dicho vale que si queréis algo de la otra forma que he comentado. Venga, pues nada muchas gracias».

5

EL ABOGADO DARÍO FERNÁNDEZ, LA CUARTA VÍCTIMA

«No he tenido nada en contra de la Guardia Civil y en el caso Almería se juzgó a tres homicidas con nombre y apellido». Darío Fernández Álvarez (Santa Fe de Mondújar, 1939 – Almería, 2021), abogado de la acusación particular advirtió el 13 de mayo que no había detenidos ni acusados[15].

Darío acabó detestando la toga. Apuntó en numerosas ocasiones que se sentía una víctima más del caso. El desgaste profesional, emocional, y hasta físico, fue enorme, hasta el punto incluso de tener que recluirse para preservar su propia integridad, ya que recibió serias amenazas en el desempeño de su labor. No obstante, nunca se sintió intimidado, al revés, lo catalizó como una fuerza propulsora para luchar por la justicia y la verdad, contra las fuerzas corporativistas y establecidas. Fue, la suya, una batalla doble, por lograr la justicia, y contra un sistema corrupto de corte mafioso en el que debía prevalecer una verdad oficial que ocultara y que abarcaba casi todos los estamentos, incluido el propio sistema judicial del que formaba parte.

El letrado rememoraba: «Me jugué la vida. Todo fue una mentira bufa orquestada por la Guardia Civil. Hay que sobreponerse a ese trauma, estaba todo dirigido a la impunidad. El poder de la Guardia Civil, el circuito de jueces, fiscales, todo apuntaba a que fuese al archivo. Fue una lucha verdaderamente

---

15   Torres, Antonio, «Los diputados y ayuntamientos del Bajo Andarax, a excepción del de Gádor, quieren aclarar el caso Almería», *Diario 16*, 14 de mayo de 1981, p, 6.

titánica. Hasta el punto que yo tuve que comprar una casa-cueva porque me pusieron explosivos en el coche, en casa y en la comunidad donde yo vivía, y ahí estuve recluido más de un año. Son impactos tremendos. Fue todo absolutamente consciente. Estuvieron trabajando a favor de la impunidad, hicieron como siete informes de autopsias distintas para hacerlos coincidir con la versión oficial. Me jugué la vida bien jugada». El letrado vivió con «alteraciones de sueño y un trauma psicológico» cada vez que se acuerda de los tres cadáveres a los que tiene fijados en su retina y por todo el desgaste emocional que sufrió. Fernández considera que el caso Almería le ha marcado profesionalmente y humanamente. «No creo en la justicia. Los obstáculos y amenazas que he recibido me han servido para poner más afán en la labor. Fui enlanzando cosas sin ninguna colaboración policial ni testifical, porque estaban amedrentados todos[16]».

Durante el juicio, además, casi todos los periodistas hacíamos comentarios de los personajes extraños que se acercaban para poner nervioso a Darío Fernández o provocar a los familiares. En *Ideal* se recogió la actitud de una persona, «vestida de paisano, que en los descansos del juicio, o a la terminación de las sesiones, aguarda la proximidad de Darío Fernández Álvarez para tocarle de forma disimulada con el codo». Sobre este asunto, el autor de este libro se pudo reír un buen rato con Darío Fernández: «La verdad es que en las dos primeras ocasiones no sabía de dónde me venían los puntapiés, porque siempre a la salida estaba rodeado de vosotros, los periodistas. Pero al tercer día, me preparé. Me puse unos buenos zapatos, duros con punta y a ese espía que tenía la intención de amedrantar le tomé la delantera y le di su merecido. Ja ja ja».

Tres meses antes del inicio de la vista oral, los defensores siguieron argumentando que no hubo torturas en Casas Fuertes y

---

16 *Diario de Granada*, 26 de febrero de 1984, pp, 13, 14, 15 y portada.

pidiendo la absolución de los procesados[17]. «¿No tuvo ninguna colaboración?», le preguntó E. Santarén de *Diario de Navarra* a Darío Fernández. La respuesta, contundente y clara: «Ninguna. Yo, cuando entré de noche en Casas Fuertes, que me costó lo mío, con una linterna trepando por la pared, ya descubrí que en una habitación se habían cambiado cosas. Allí los llevaron y aparecieron restos que para mí eran de sangre (el informe de los forenses al que accedió este periodista subrayaba que no había rastros de sangre) y cuando pido la reconstrucción de los hechos, que se me dio mucho tiempo después, aquello se había tapado con pintura, que además era descaradamente reciente». «¿Y después?». Tampoco, porque la Policía y el gobernador civil, que sí tenían información, podían haber colaborado. La Policía supo que se les había ido la mano, dos de los jóvenes estarían seguramente muertos, pero en la autopsia no se revelaba si habían tenido respiración». «¿Qué se pudo probar?». Yo no he podido probar las torturas ni de qué grado serían porque la forma en que aparecen los cadáveres, con el incendio... los cuerpos estaban reducidos a irreconocibles prácticamente. Lo que hubiera con detalle queda para la historia. La mayoría de los implicados están vivos, pero el pacto de silencio...[18]». El abogado reiteró que todo fue «una chapuza» y confío en que se conozca la verdad cuando haya desclasificación de documentos en distintos ministerios. «Acosado por las fuerzas locales más reaccionarias», dice Darío Fernández, «habrá que estar a los informes emitidos y a los que produzcan los forenses, los testigos y las demás pruebas ya en fase de juicio oral. Hay que tener en cuenta que me fue denegada la prueba de reconstrucción itineraria, pero yo insistiré en aclarar lo sucedido en la zona de playa Casas Fuertes donde los guardias manifesta-

---

17 Torres, Antonio, «La defensa culpa a los muertos», *Diario 16*, 18 de marzo de 1982, p, 9.

18 Santarén, E, «Me jugué la vida, fue una mentira, bufa, orquestada por la Guardia Civil», *Diario de Navarra,* 31 de enero de 2020, p, 45.

ron haber llevado a Juan Mañas a recoger una supuesta bolsa»,
explicó al periodista almeriense Manuel Verdegay Flores del se-
manario *Actual*, medio ya desaparecido que consiguió fotos de
Castillo Quero en chándal paseando por las inmediaciones de la
piscina o el patio central de la Comandancia de Almería y que
fueron recogidas por revistas y distintos medios internacionales.
El autor de esas imágenes se debe al trabajo de varios fotógrafos
para distintos medios como Carles S. Costa, F. Cervera y Juan
Luis del Olmo, redactor gráfico del diario *La Crónica*, y que resi-
dió en Roquetas de Mar hasta su fallecimiento en 2022. Además,
destaca el trabajo de Sidfrid Casals de la Agencia Cover, realizadas unas semanas antes del inicio de la vista oral. Pese a ser celebrado por la prensa nacional y algunos trabajos audiovisuales,
la tarea impagable de Darío Fernández fue puesta en entredicho
por una minoría de colegas. (Castillo Quero y sus hombres torturaron a los tres inocentes una y mil veces durante toda aquella
noche en un antiguo cuartel de la Guardia Civil, abandonado,
escribió para *El Mundo* Antonio Rubio.

Fernández fue amenazado de muerte. «La infatigable búsqueda del letrado», calificación de mi colega Ferran Sales Aige (Llei-
da, 1946), autor de *Mohamed VI. El príncipe que no quería ser rey*.
Sales formó parte del primer equipo de investigación de *El País*,
junto a Peru Egurbide y Joaquín Prieto. Cuando se cumplieron
cinco años de la tragedia, escribí para *El País* un perfil sobre la
personalidad del letrado Fernández titulado «Un letrado de película». Más adelante, el 6 de mayo de 1987, día en el que fue puesto
en libertad por orden de la gallega Concepción Escudero, jueza de
Órgiva, que lo tuvo recluido durante tres días, el escritor y músico
Nacho Para Cervantes (Almería, 1963-Cartagena, 2024), exjefe de
Cultura de *El Periódico* de Cataluña, pidió opinión a los padres de
Juan Mañas: «No hay derecho a que encierren a Darío mientras
los asesinos viven cómodamente[19]». «Mi despedida de los doce

---

19   Para, Nacho, «Darío Fernández presentará una querella contra la titular
     del juzgado de Órgiva», *La Voz de Almería* 7 de mayo de 1987, p, 11.

compañeros de galería fue conmovedora: nos fundimos todos en un abrazo. Tan libre me consideré dentro de la cárcel como fuera; es más, he de decir que mi gran libertad ha estado dentro del dolor porque me ha enriquecido[20]«, expresiones recogidas en una amplia entrevista del director de *La Voz de Almería*, Pedro Manuel de la Cruz Aonso, la que el abogado lamentó que hubo colegas que se alegraron de su ingreso en prisión.

Mi relato para *El País* empezó: «Es el prototipo del abogado penalista, que saltó a la fama por su defensa en el caso Almería. Alto y de aspecto circunspecto, Darío Fernández tuvo una infancia difícil y, según él mismo ha admitido, la muerte de su madre ha sido el hecho que más le ha impresionado y trastocado su personalidad. Aspirante frustrado a director de orquesta, escucha a Brahms todas las mañanas y es un deportista empedernido, que no fuma ni consume bebidas alcohólicas. Viaja mucho. Al menos cuatro veces al año recorre varios países europeos. Ambicioso profesionalmente, admite que el caso Almería le propició una experiencia inaudita. Un dato no muy conocido es que Carlos Castillo Quero tenía previsto contratar a Darío Fernández como abogado defensor. Se adelantó Faustino Montero, hermano de Luis, la víctima santanderina, quien llamó al despacho de Darío media hora antes que los guardias civiles, a los que había defendido en otras ocasiones. Otros casos relacionados con guardias civiles llevaron a Darío Fernández a Guadalajara para, de nuevo, enfrentarse a miembros de la benemérita en el famoso caso de los caracoles [el joven muerto a tiros cuando buscaba caracoles]. En Granada también ha acusado en nombre del joven Sergio Pleguezuelos, muerto por disparos de la Guardia Civil. Entre sus trabajos profesionales ejerció la defensa de Andrés Vilches, cura alcalde de Chirivel, en el norte de Almería, que fue apaleado por varios guardias civiles. Junto a

---

20 De la Cruz, Pedro M., «Un abogado de Almería festejó mi ingreso en la prisión de Granada», *La Voz de Almería*, 10 de mayo de 1987, pp, 10-11.

estos casos, Darío Fernández asumió defensas muy diferentes, como las de Bardellino o la de nueve musulmanes[21]». Bastante pudo conseguir Darío, al tratarse de unos años de la Transición. Gracias a que conseguimos este abogado, porque le echó bastante valor y llevó el caso a lo máximo que lo podía llevar según los tiempos. Eran unos tiempos difíciles en los que se enfrentaba a un monstruo, que considero yo que es el Estado y la Guardia Civil»[22], recordó Francisco Mañas a *Diario de Cantabria*. Las familias y los vecinos de Cantabria y Almería demandan que alguno de los testigos hablen para ayudar a conocer la verdad frente a la versión oficial.

A Darío Fernández le solicitamos una reflexión que le saliera del alma sobre el trágico suceso que conmueve e indigna por la magnitud de los hechos y los silencios de los testigos, que ya jubilados como guardias civiles, mantienen un silencio sepulcral. El documental español, ampliamente galardonado internacionalmente *El silencio de otros*, puede ser un buen titular para esos hombres con alma que acompañaron aquella noche triste y trágica a los que organizaron la carnicería contra tres jóvenes inocentes.

El despacho de Darío era el punto de encuentro de todos los periodistas y enviados especiales que durante los primeros años siguieron el caso. Siempre tenían las puertas abiertas de un profesional al que en sus tiempos de estudiante en Granada le encantaba el periodismo. Colaboró en el diario granadino *Patria* y en el almeriense *Yugo*, que en 1962 cambió el nombre falangista por el actual de *La Voz de Almería*. Su vocación por el Derecho lo compartía con su pasión por el periodismo de tribunales. Un amigo de estudios en Granada fue el almeriense Francisco Giménez Alemán, exdirector general de Telemadrid y de *ABC* en las ediciones de Sevilla y en la de Madrid para toda España.

21   Torres, Antonio, «Un letrado de película», *El País*, 6 de mayo de 1987.

22   Lezaola, Javier, «Ni la Guardia Civil ni el Estado nos ha pedido nunca perdón por aquel asesinato tremendo», *eldiarioCantabria*, 7 de mayo de 2018.

«Un día me presenté en la Farmacia de la familia de Giménez Alemán, en Puerta Purchena, y le dije a su padre que dejara de presionar a su hijo y lo dejara estudiar periodismo, que era y es la vocación del periodista», confesó el abogado a este autor. Darío Fernández recibió todo tipo de presiones y campañas de desprestigio durante el caso Almería. «Sobre el peligro social de Almería, cuando comencé la abogacía, lo titulé *La ciudad repartida.* «Me adelanté», subrayó el abogado, «con intuición a plasmar en ese libro, sin pretensión de publicar, sobre los mentideros de una sociedad… ¡excluyente! Tomé prudentes distancias y en unión de un decálogo de mandamientos canalicé mi vida con proyección hacia el mundo. Media docena de apellidos imponían, con rencores mutuos, las pautas feudales del pueblo emigrante almeriense. Me salvó muy temprano Inglaterra y formé a tiempo mi activo aislado del medio, de ciertos medios y del común asfixiante. Hoy ya es historia y la distancia me sabe a transparencia», me dijo el prestigioso abogado.

Testimonio exclusivo de Darío Fernández para este libro

Darío Fernández tuvo la deferencia de escribir un artículo para este libro antes de su fallecimiento en 2021. Lo tituló *Claves al aire*, y accedió a mi petición con el compromiso de resumir los puntos fundamentales del caso. Unas claves inéditas que aporta desde el conocimiento profundo, exhaustivo y veraz. Me confesó que la noche después de escribir estas claves al aire para mi libro, no pudo conciliar el sueño por el estado emocional y nervioso que le provocó recordar aquel episodio tan amargo de su vida profesional. No en vano era la persona que más conocía todo lo relacionado con aquellos infaustos días de mayo de 1981, no sólo por la documentación primaria a la que tuvo acceso como abogado de la acusación, sino también por el empeño personal, el compromiso con las familias y el pensamiento casi obsesivo con un suceso que le persiguió hasta el final de sus días:

«Mi querido amigo: Le trataré de usted por el respeto que conlleva su petición de abrir mis sentimientos al sedimento sepultado en mí subconsciente sobre las carencias que me corroen. Ahora, que se frisan los 40 años del triple crimen a varias bandas, esa nebulosa, cuasi cuarentenal, rozadora del tiempo, hace reflotar las imágenes vivas de las hirvientes interrogaciones en cuarentena de denunciable actualidad. Dado que me ha pedido «un imposible» de comprimir en 30 líneas los arcanos de mis vivencias íntimas, cumplo con su solicitud bajo el previo acuerdo de no ir más allá de una somera pincelada a lo que sería una academia de vómitos, con eslabones dignos de aterrizajes solapados, hoy, bajo el olfato de periodistas de investigación. Bajo tan pungente sangría legal me permito ponerte en la senda de este cuadro:

1º «¿Son las leyes la expresión histórica de un pueblo? Contra ese valladar tuve que enfrentar mis exiguos recursos en la soledad más galopante y angustiosa en mi carrera de penalista. Me refiero a la impunidad ante la «obediencia debida y al «cumplimiento del deber».

2º ¿Son los jueces y fiscales abejas independientes u ovejas del rebaño monolítico histórico del poder? Voy a esta magnitud. No hubo un sólo voto discrepante en ambas instancias. ¿Hay claudicación más escandalosa y espantosa de togados tras un crucifijo en su tarima? Así queda basculante la Justicia Crucificada.

3º ¿Qué hubiera sido del hito histórico del proceso enjuiciado bajo formato de jurado popular? Advierte esto: La voz del pueblo ante la Justicia es ¡Libre! Y en España se aparcó su entrada en vigor por obvias excusas de temor ancestral. Concluyo para que usted empiece. El caso sangra por múltiples heridas y mis silencios guardados son un homenaje a los tres inocentes masacrados bajo la apisonadora de leyes y oficiantes del y en el sistema.

Mi consuelo: el pueblo dictó su sentencia y la Guardia Civil estrenó su alba con jóvenes generaciones sin temores al ¡mando! Entretanto, te confieso: llevo como una losa el dulce calvario de sentirme el ¡CUARTO MUERTO… ASESINADO! Un abrazo».[23]».

Otra reflexión inédita de Darío la recibí mediante correo electrónico el 14 de noviembre de 2020. Concluía con un dato histórico fundamental: el hito que supuso el juicio y la sentencia del caso Almería en la justicia española, la génesis del tribunal y el éxito que supuso para el avance de la sociedad que los guardias civiles procesados se sentaran con ropa de paisano en el banquillo de los acusados:

> En los cinco magistrados y la Fiscalía provenía del sistema franquista, con un código penal y ley procesal hincando sus raíces en la Ley provisional del Poder Judicial de 1870. ¿Qué significa? Justo lo que sigue: la unanimidad de las sentencias, Audiencia Provincial y Tribunal Supremo, como la posición de la Fiscalía. Afrontaron una prueba no concebida en la rutina de su día a día. Resumen: la Curia española recibió un tsunami sin avisar ni adornados sus miembros caseros de visiones vanguardistas. Hoy se puede criticar el horizonte desde la dominación uniformada de los acusados que trataron de imponer indumentaria militar a las temblorosas togas. De ahí que privarlos de sus uniformes, fue mi símbolo de resquebrajar múltiples bastiones. Ahonda y harás periodismo de frontera. Un abrazo».

El abogado que salvó la última pena de muerte dictada en España

Darío Fernández Álvarez ha superado desafíos constantes a lo largo de su vida. La última pena de muerte dictada en España tenía como protagonista a un hombre acusado de robar en una caja de ahorros en el poniente almeriense. Salvó la vida del condenado y marcó un hito en la abogacía española que intentaba salir

---

23 Testimonio escrito por Darío Fernández Álvarez, en exclusiva para esta publicación, en su domicilio de Almería, 11 de marzo de 2019.

de la dictadura. «En aquel juicio di grandes dimensiones, abogar contra el sistema enfrentado a un tribunal reforzado con dos magistrados que vinieron de fuera y fiscal, imbuidos de aquellos cursos de cristiandad con dobles baremos. Confesar por la mañana y luego pedir pena de muerte, personajes con trombosis anímica. Aquel testimonio de José Díaz Pérez que tuvo el tesón de mantener una verdad comprometida, tensa. Un hombre con dignidad». En ese juicio, comenzó a tener reconocimiento fuera de las fronteras provinciales. Pagó un precio de envidias entre colegas provincianos que no soportaban sus éxitos. Fue la pieza a batir por los algunos colegas y jueces. «Nadie como el británico John Wilson para explicar por qué es difícil que un periodista profesional caiga simpático a los poderes», citado por Soledad Gallego-Díaz, primera mujer que en España dirigió un medio nacional como *El País*. Son periodistas que agitan a las instituciones en las que la sociedad confía para su estabilidad si no cumplen esa función. El periodista Juan María Rodríguez le preguntó a Darío Fernández: «Su fama, ¿es más producto de su radicalidad o, cómo sugieren sus detractores, de su monumental necesidad de megalomanía o protagonismo?». La respuesta del letrado: «Mire usted, que cada uno lo amañe a su aire. Lo que le digo yo es que me he formado fundamentalmente en un clima anglosajón y las cosas allí tienen un determinado tinte de seriedad; y hacia ello voy. Además, tengo un juramento y aprovecho para decir que los sumarios se confeccionan en España en plan amasado y que, prácticamente, los jueces no viven las actuaciones y, de esta forma, el grito de un letrado independiente contra todas las represalias que puedan venir, de las que tengo un buen número, pues acabarán dando origen un libro que estoy preparando sobre la cara oculta de la justicia[24]».

---

24 Rodríguez, Juan María, «Darío Fernández. Francotirador togado. Yo estoy deseando exiliarme otra vez, en serio. Quiero salir pitando y punto», *Diario 16*, 3 de febrero de 1991, pp, 18-19.

Mundo femenino

Darío Fernández ha sabido superar dificultades desde que se quedó sin su padre orensano a los cuatro años. Su madre, maestra rural en Asturias, le animó a realizar el bachillerato sin transporte escolar. Se obligaba a realizar grandes caminatas. «Mi mundo ha sido femenino, rodeado de mi madre y de grandes mujeres. A los hombres se nos debe tener pena», explicación que me ha venido realizando hasta su adiós. Esas caminatas y amor por la naturaleza explican su compromiso por salvaguardar el medio ambiente y la soledad con la que se enfrenta a todos los asuntos[25]». La actual corresponsal de *El País* en Lisboa, Tereixa Constenla, en sus tiempos en el diario *Ideal* e arrancó la siguiente confesión a Darío: «Siempre tiendo a hacer puentes. Soy un trabajador disciplinado al que no le gusta perder el tiempo. Me he exigido mucho en la vida, no he conocido a mi padre y el ejemplo más clarividente ha sido mi madre, una maestra de escuela. No quiero saber nada del pasado inmediato de este país. Soy un europeísta convencido, agnóstico, apolítico y librepensador. Estoy descubriendo España como un lugar geográfico adecuado para vivir pero me siento incómodo por el desprecio que existe hacia la convivencia, por la intromisión en las vidas privadas. Me producen choques que no quiero. Aquí hay un barniz por las formas legalizadas que no armonizan con la realidad de la calle».

Dejó la abogacía y sus experiencias quedaron en un libro, La justicia manchada en España, trabajo muy crítico con el sistema judicial. Ni el propio Colegio de Abogados de Almería tuvo el detalle de presentar el libro que lo puedes encontrar en colegios de abogados europeos. He destapado muchos estercoleros de apariencia. «La función pública del abogado ha desaparecido. Dejé la abogacía tarde». Recupero sucintamente la crónica que

---

25 Torres, Antonio y García, Alejandro V. «El abogado Darío Fernández se querellará contra la juez que le encarceló», *El País*, 7 de mayo de 1987, p. 31.

escribí para *El País*: «El abogado Darío Fernández ha visto resuelto favorablemente un expediente que le fue abierto por el Colegio de Abogados de Almería en 1981, a raíz del denominado caso Almería, en el que ejerció la acusación particular. «Que el propio colegio se convierta en instrumento de los enemigos de la libertad de defensa y se dedique a perseguir a uno de sus miembros, tratando de entorpecer o impedir su función profesional, es algo que debe abochornar no sólo al colegio, sino a toda la profesión y a toda la sociedad[26]», firmado por Eugenio Caballero Cabeza». Un mes después del suceso, el 8 de junio de 1981, Fernández denunció que fue insultado y expulsado de forma violenta del cuartel de la Guardia Civil de Almería por el entonces capitán Rogelio Martínez Masegosa. En esa fecha el Colegio de Abogados, presidido por Monterreal Alemán, abrió expediente al abogado Fernández, por mal ejemplo. Darío Fernández recurrió la resolución y el colegio no sólo archivó el expediente por no deducirse responsabilidad del abogado, sino que expresó su indignación al teniente coronel jefe de la Guardia Civil por el comportamiento de Martínez Masegosa. El Colegio de Abogados trasladó la comunicación al titular del Juzgado de Instrucción número uno de Almería, Rafael García Laraña, por si hubiera responsabilidad contra el citado guardia civil[27]».

Antonio Ramos definió a Darío Fernández como un abogado con coraje, y la exdirigente comunista Cristina Almeida subrayó que «era muy difícil enfrentarse a miembros de la Guardia Civil y Darío realizó un trabajo digno de elogio y riguroso[28]». »Soy una persona muy terca. El ser humano es el mismo en todas partes. Yo nací abogado, peleándome frente a las adversi-

---

26 *El País*, 18 de agosto de 1981.

27 Torres, Antonio, «El Colegio de Almería da la razón a Darío Fernández seis años después», *El Pais*, 24 de junio de 1987, p, 28.

28 Ramos Espejo, Antonio, *El caso Almería. Abierto para la historia*, Centro Andaluz del Libro, Sevilla, 2011 p, 421.

dades. He ido contra corriente contra todo tipo de pendientes. Necesito el debate. Si todos están de acuerdo, me salgo. Me cuestiono todo con gran disciplina porque mi vida es una dialéctica constante. Como no conozco el mal, comparto lo que tengo. La espontaneidad no me lo quita nadie. Soy feliz, pero necesito la adversidad y la perseverancia. La persona que tiene el portento de la voluntad es el mayor capital, porque no sabe de la pereza. Mi desafío es constante. He sido enjuiciado y hasta encarcelado por ir contra corriente». Su pasión son los idiomas y el canto lírico, sin olvidar la bicicleta y las largas caminatas con su esposa, Yolanda Pérez Tenefe, y viajando en caravana para empaparse de nuevas culturas. «Yo nací cantando, me fascina el gozo del cante». Se considera el cuarto muerto del caso Almería. «Yo era el cuarto muerto, resucitado para abogar por ellos. Tuve carga de explosivos en el coche que no divulgué, amenazas, pero a los que se les privó la vida no había manera de resucitarlos. Conseguí en la primera sesión que los guardias civiles dejaran en casa la indumentaria militar. Se falló en todo. No se ha hecho justicia. Hay tesis doctorales y publicaciones que se refieren a esos datos, a la obediencia debida. Con los muertos no hubo reparación. Fue demoledor. No se ha hecho justicia».

La vida en la cárcel vale poco

Fue el abogado que defendió a familias gitanas en Martos cuando payos incendiaron una treintena de viviendas de gitanos. «En este asunto que me recuerda un aquelarre» subrayó Fernández, «todavía el juez no se ha entrevistado con las familias gitanas[29]». Otro caso que atrajo la atención fue ser uno de los primeros abogados en poner sobre la mesa los problemas de musulmanes en Ceuta y Melilla. Estuvo en la cárcel, debido a otros asuntos por orden de la jueza de Órgiva. «De madrugada, recuerdo el cie-

---

29   Torres, Antonio, «El acusador del caso Almería pide un juez especial para los sucesos de Martos», *El País*, 23 de julio de 1986.

rre metálico de la celda. Fueron grandes condecoraciones en la cárcel. He visto lo penal en el penal, efectos que tiene la pena, y las manchas de la justicia. En la cárcel, la vida vale poco». Antonio Sánchez de Amo le preguntó a Darío que a partir de cuánto dinero se puede empezar a hablar como cliente suyo: «Creo que ningún abogado tiene tarifas para empezar a hablar. Sería absurdo. Parecería entonces un funcionario o una especie de ordenador. Los gitanos de Martos o algunos marroquíes dan fe de lo que digo. Dicen que soy uno de los penalistas más caros de España, pero no es normal que lo digan». En esa entrevista, el abogado admitió del odio y envidias que despertaba[30]. Miguel Ángel Blanco escribió: «En torno a la figura de Darío Fernández se mueve un panorama desconcertante. Su personalidad suele producir rechazos, y pocos de sus compañeros de oficio mantienen un decidido propósito de defender un estilo personal, que prácticamente solo él mantiene en esta provincia[31]».

Plaza Darío Fernández

La Plaza Darío Fernández de Santa Fe de Mondújar, burocracias y susceptibilidades de por medio, se inauguró en julio de 2024, con intervenciones de familiares de Darío Fernández, como su esposa Yolanda Pérez. Hubo también palabras emocionadas del hermano mayor del malogrado Juan Mañas, Antonio, y de quien firma este libro, así como las autoridades presentes, como la alcaldesa Trinidad Góngora. Tres años antes, en julio de 2022, se había celebrado en el tanatorio la misa por este notable abogado. Las familias acompañaron en ese último momento al letrado que buscó la reparación legal, y el propio Antonio Mañas

---

30 Sánchez de Amo, Antonio, «Cualquier dependencia amorosa, amistosa, ideológica…es sinónimo de esclavitud. El abogado del caso Almería asegura que igual acusa como defiende a un policía o guardia civil», *Ideal*, 12 de noviembre de 1990, p, 4.

31 Blanco, Miguel Ángel, «Un abogado al margen», *Ideal*, 9 de mayo de 1990, p, 3.

recalcó la ausencia de su madre. «Me la he dejado en Pechina llorando y recordando el trabajo de don Darío por defender la dignidad de mi hijo Juan y de los jóvenes santanderinos Luis Cobo y Luis Montero». Con anterioridad a la misa funeral por Darío Fernández, el hermano menor de Juan Mañas, Francisco Javier, el niño de la primera comunión de 1981, llevó flores al tanatorio en nombre de los tres jóvenes asesinados.

Trinidad Góngora subrayó que Darío donó sus libros a la biblioteca de la localidad. «Muchas veces venía a consultarlos y siempre me decía que cada página lo transportaba a un momento de su historia, respiraba y volvía a ella. De todos es conocido que, como abogado de profesión, llevó la acusación del caso Almería y le trajo tantos problemas, y que estuvo preparándolo en nuestro pueblo, en el Barrio de la Estación». Ahí, en esa cueva, recibió al maestro de periodistas Antonio Ramos que preparó su libro El caso Almería. Mil kilómetros al Sur, editado por Argos Vergara.

Fue un hombre con una cultura profunda, desafiante con los poderosos, decepcionado de la «politización de la Justicia», agnóstico y practicante de la defensa del medio ambiente. «Enamorado de la cultura anglosajona respecto al Derecho[32]». Un estudioso permanente y contestatario de lo establecido, devoto de la *Sinfonía número 4 de* Johannes Brahms. Es autor de *La justicia manchada en España. Reflexiones y vivencias de un abogado*, editado por Arráez.

---

32 Torres, Antonio, «Santa Fe de Mondújar despedirá a Darío Fernández», *La Voz de Almería*, el 29 de julio de 2021, p, 4.

6

EL JUICIO

«A la gente aficionada a los juicios, cronistas judiciales de profesión u ocasionales como yo, más que las víctimas les fascinan los culpables. Compadecemos a las víctimas, pero de quienes tratamos de comprender la personalidad es de los culpables. Son sus vidas las que escudriñamos para detectar el punto en que se engancharon, el punto misterioso en que se desviaron hacia el crimen...»

ENMANUEL CARRÈRE.
Escritor francés, sobre el macrojuicio por los atentados yihadistas de París.

La vista oral comenzó el 14 de junio de 1982. El juez Cristóbal García Teruel, que se encargó de las primeras horas de la instrucción, fue relevado por el juez instructor Ángel Tortosa Pozuelo, que se ocupó del sumario. Al juez Cristóbal, que asistió al levantamiento de los cadáveres a las 10.30 de la mañana del domingo 10 de mayo, le achacaron que no ordenara ningún procesamiento ni detenciones. Darío Fernández mostró su decepción por la actuación del primer juez. Como denunció *Diario 16*, Cristóbal García, tras ordenar el levantamiento de los cadáveres, no presenció la realización material del mismo. Además, «el primer juez instructor negó a esta acusación la solicitud de que todos los componentes de la caravana fueran incomunicados, y si se hubiera hecho así quizá este juicio hubiera sido mucho más breve. Tuvieron tiempo de charlar y preparar sus declaraciones, pero las prestadas en los primeros momentos nos sacan de dudas».

La libertad de expresión manda más que el derecho al honor y a la propia imagen. Pese a que los juicios son públicos, he decidido que el nombre de testigos que no fueron condenados, lo denomine con el nombre de la graduación: cabo, sargento, teniente, etc. La propia sentencia, dada a los medios de comunicación, ofrece los nombres de guardias civiles que participaron en las detenciones, interrogatorios y custodia de los tres jóvenes. Los testigos a los que denominamos por su escalafón, no nos cansamos de repetirlo, tienen el reto de ofrecer para la historia que ocurrió realmente en la noche que va del 9 al 10 de mayo de 1981.

Los guardias civiles que declararon durante la vista oral fueron alzando la voz con una tensión manifiesta. Hubo frecuentes roces con el abogado acusador que una y otra vez los llevaba a las contradicciones como señaló el periodista Francisco Gor de *El País*. Miguel Ángel Blanco de *Ideal* recordó en esa línea de tensión un incidente que le confesó Darío Fernández, en el mes de mayo de 2021, en presencia del juez inicial Cristóbal García Teruel. El abogado comenzaba su periplo de amenazas en esos momentos primeros del caso con un cabo que participó en la caravana hacia Gérgal, y en presencia de Fernando Brea Sierra, exteniente de la Fiscalía de Almería. Brea confesó a este autor, el 29 de agosto de 2025, que fue casi en su totalidad el redactor del informe sobre el caso Almería. Lamentó que el responsable de la Guardia Civil no redactara, ni archivara, ninguna nota de lo ocurrido en el interrogatorio a las tres víctimas. A Brea lo conozco desde los primeros días del caso Almería. Una calle de la capital almeriense lleva el nombre de Fernando Brea y el Gobierno de España le concedió la Encomienda del Mérito Civil por su dedicación como servidor público, en 2022.

Conviene resaltar que el juez especial Ángel Tortosa sustituyó a Cristóbal García y se encargó de la causa desde el 15 de mayo. Propuso a la Audiencia Provincial de Almería el procesamiento del teniente coronel Carlos Castillo Quero el 29 de mayo de 1981. Unos días antes había llamado a declarar a los once guardias civiles para declarar y, de nuevo, Castillo Quero fue el único que no compareció aduciendo estar enfermo. Pasaron muchos días desde que ocurrieron los graves hechos, y ya desde el inicio se vislumbraban unos indicios que apuntaban claramente a una negligencia enorme con unos resultados dramáticos. En cambio, el auto de procesamiento por homicidio lo dictó la Audiencia Provincial de Almería el 25 de junio, donde se establece la prisión provisional comunicada sin fianza, que deberá cumplirse en centro o establecimiento militar adecuado. Así viene expresado jurídicamente en el sumario número 65 de 1981 del Juzgado de Instrucción número 3 de Almería.

La Audiencia Provincial de Almería fijó la fecha de inicio de la celebración de la vista oral para el 14 de junio de 1982. El día siguiente de conocerse la fecha del juicio, empezó a adecuarse la Sala para los 87 testigos y las numerosas pruebas periciales que deberían realizarse[33].

Las sesiones se prolongaron hasta el 27 de julio, uno de los procesos más largos y de mayor atención periodística, hito solo superado en cuanto a seguimiento de todas las cadenas de televisión y diferentes medios para un suceso acaecido en Almería por el asesinato del pequeño Gabriel Cruz en 2019.

En la calle había tensión y provocadores realizando una campaña de difamación profesional contra el abogado acusador en nombre de las familias Darío Fernández, que a la larga, fue una persona inteligente y que arrancó decenas de contradicciones a los procesados y los testigos que presentaron los abogados defensores.

---

33 Torres, Antonio, «Los guardias civiles tendrán que testificar», *Diario 16*, 29 de abril de 1982, p, 12.

La cueva, el refugio del abogado acusador para preparar el juicio

Antonio Ramos Espejo fue el único periodista que visitó la casa cueva de Santa Fe de Mondújar donde se recluyó Darío Fernández para preparar su trabajo de acusación, huyendo de las amenazas. Una noche mi vecino, el añorado médico José López Cano (Antas, 1924-Almería, 2011), me aporreó la puerta con mucha sonoridad y por la mirilla le dije que no le abría la puerta por si alguien le tenía una pistola. Me insistió en que le abriera la puerta y me dijo que había visto, cuando regresaba de una consulta médica, a tres hombres enmascarados manipulando mi coche. Denuncié y se armó una buena en el edificio con los vecinos preocupados. Ese hecho me animó a irme a la cueva, aunque te confieso que en la cueva estuve más indefenso. Cometí una ingenuidad tremenda, la cueva de la estación es la metáfora de mi propio cementerio. Solo salía por la noche y un amigo me traía la comida para el día. La gata se acostaba en el sumario que estudié al milímetro. Era la única compañía. Tenía que hacer justicia con los chicos y a eso me entregué. Todavía me aparece en sueños. Creo que fui el cuarto muerto del caso Almería», me dijo Fernández una tarde de junio de 2019. «Al visitarme en la casa cueva, Antonio Ramos me regaló un lebrillo de Purullena (Granada)».

Guardias civiles vestidos de paisano

El público fue llenando la sala del juicio todos los días y fueron decenas las que se quedaron a las puertas por no poder acceder. Una hora antes de que el conserje diese la voz de audiencia pública, se fue agolpando la gente en los alrededores del Palacio de Justicia, a la espera de poder ver la llegada de los procesados sobre los cuales recae la curiosidad ciudadana para ver si llegan vestidos de uniforme o de paisano, dadas las especiales características del caso. Uno de los hitos del caso Almería es que, por primera vez en la historia de España, guardias civiles se sentaron en el banquillo de los acusados con ropa de paisano para ser juzgados ante un tribunal de jurisdicción ordinaria por delitos cometidos en el ejercicio de las funciones que establece la ley de Policía de 4 de diciembre de 1978. Entre ese centenar de personas destacaban los familiares de las víctimas, Loli Cobo y Aurelio Liquete, hermana y cuñado de Luis Cobo, y Santiago Diego, cuñado de Luis Montero, quienes viajaron en avión desde Santander a Almería la noche del sábado, y también los padres y el hermano de Juan Mañas. La madre de Mañas dijo que, aunque estaba citada para el día 22, había querido asistir a este acto para que todo el mundo viese la limpieza del comportamiento de su hijo. «Yo no digo que todos son culpables, pero aquellos que lo hayan hecho deben pagar con lo que establece la ley. Que no se tapen con dinero ni con ningún otro engaño[34]».

El 14 de junio de 1982 comenzó el juicio poco después de las 11 de la mañana. El tribunal estuvo formado por cinco magistrados y presidido por José Rodríguez, presidente de la Audiencia Provincial de Almería.

Los tres procesados, el teniente coronel Carlos Castillo Quero, su teniente ayudante Manuel Torres Gómez y el guardia Manuel Fernández Llamas, comparecieron ante el tribunal con el uniforme de la Guardia Civil, lo que motivó que el acusador particular Darío Fernández llegara a plantear ante el tribunal la ilegalidad de este hecho que posteriormente se subsanó. Además, Darío dentro de su habilidad como letrado y táctica acusadora, presentó 48 testigos y numerosas pruebas periciales, documentales y de balística.

Interrogatorios, sin notas ni grabaciones

La inseguridad jurídica es evidente cuando las notas de los interrogatorios se pierden como material documental. O no hubo

---

34 Fernández Gil, Antonio, «Campaña difamatoria en la calle contra el acusador particular», *El País,* 13 de junio de 1982.

ninguna, y mucho menos sonidos y grabaciones de los interrogatorios. Afortunadamente, se ha evolucionado en esta cuestión con la sociedad hiperconectada. En la primera jornada de la vista oral comenzó el carrusel de contradicciones con respecto a lo dicho en el inicio del sumario[35]. En esa jornada inaugural de la vista oral se produjo la pregunta de por qué en el atestado se leía, en relación con los tres detenidos: «descartándose que se trate de terroristas». El teniente coronel Carlos Castillo Quero contestó: «No sé por qué se dice eso en el atestado. Yo creía entonces que los detenidos eran terroristas y ahora sigo teniendo el mismo convencimiento»[36]. Antes, el fiscal jefe de la Audiencia Provincial de Almería, José María Contreras, había expresado su extrañeza porque no se hubiera realizado un atestado desde el mismo momento de la detención, a lo que Castillo contestó: «Se tenían datos confusos y contradictorios[37]». En la jornada se recordó que tras la detención en Roquetas de Mar fueron trasladados a la Comandancia. El interrogatorio se lo encargó el teniente coronel Castillo Quero al cabo y al sargento, quienes preguntaban las cuestiones que previamente les ordenaba el teniente coronel. El interrogatorio se llevó a cabo una vez que los detenidos habían sido colocados en distintas habitaciones para que no se comunicaran entre sí. Sobre el viaje a Madrid, Castillo informó que los tres detenidos iban esposados: «A las 4.20 de la madrugada recibo una llamada de la Jefatura del Estado Mayor de la Dirección General de la Guardia Civil para que traslade a los detenidos a Madrid. Pensé, no obstante, que debía comprobar algunos datos sobre los detenidos y pedí autorización para

---

35 Ramos, Antonio, «Graves contradicciones en el relato del teniente coronel Castillo Quero», *Diario de Granada*, 15 de junio de 1982, p, 17.

36 Miralles, Melchor, «Se sientan en el banquillo los guardias implicados», *Diario 16*, 15 de junio de 1982, pp, 4-5 y portada.

37 Gor, Francisco, «El acusador privado considera ilegal que los procesados vistan en la sala el uniforme de la Guardia Civil», *El País*, 15 de junio de 1982, p, 27.

pasar por Gérgal, Manzanares el Real y Alcázar de San Juan. Me preparo para el traslado con la preocupación de la existencia de otro comando de ETA, del que desconozco todo. Debo procurar no llamar la atención y no ser un blanco fácil. Para eso tengo que utilizar vehículos camuflados y particulares, por lo que decido que los detenidos fueran en su propio Ford Fiesta conducido por un número al que acompañaba otro con una metralleta». Más adelante señaló que el coche «hizo una maniobra rara». «Veo la salida del guardia Castro por la puerta izquierda y simultáneamente veo que cae el guardia Fenoy, que iba en el asiento delantero, y que el coche 127 que precedía al mío hace también una maniobra hacia la izquierda». «La orden racional que di, con la idea de que no podía lesionar a los ocupantes, fue la de fuego a las ruedas que se escapan. Terminada la acción de tirar sobre el coche, percibo que a la vez que disparábamos se ha producido un fenómeno anómalo, que ha dado lugar a un cambio direccional del vehículo que huía. El vehículo cae. Fue una sorpresa, era de noche, lloviznaba. Se produce inmediatamente un fogonazo, una enorme llamarada, me dirijo rápidamente para intentar auxiliar a los ocupantes del vehículo. No pudimos hacer nada, porque, además, podría producirse una explosión».

«*¿Entonces, pese a que los detenidos le entregan documento de identidad, pese a que la terminal de datos de la Dirección General de la Guardia Civil informa que son desconocidos, usted sigue pensando que son los terroristas Mazusta y Bereziartua como se indicaba en los télex que recibió?*». «Sí». «*¿Vio usted a los detenidos?*», «No». «*¿Vio las fotografías de Mazusta y Bereziartua?*». «No». «*¿Y a pesar de ello siguió creyendo que los jóvenes detenidos eran los terroristas buscados?*». «Sí». «*Pero, ¿por qué?*».

«Porque se había iniciado un proceso de investigación realizado por personal de la Guardia Civil de Ciudad Real ajeno a nosotros. Los detenidos habían dado versiones muy diferentes. Se les habían encontrado dos armas de fuego debajo del asiento del coche y además la propia familia de Luis Cobos afirmó que este estaba en su domicilio en esas fechas».

En otro momento, casi al final de la jornada, el acusador Fernández preguntó al teniente coronel: «¿Cuándo se puso enfermo?». «No lo sé. Primero vino a verme el doctor de cabecera, que me remitió al doctor Ortiz Blesa». «¿No tuvo visitas que le informaran?». «No me acuerdo». «¿Permaneció encamado todo el día?». «Sí llegué a mi casa sin desayunar ni nada. Me metí en la cama y le dije a mi mujer que avisara al médico». (Se da lectura a un télex fechado en Almería el día 10 a las 13 horas con los pormenores del servicio). «¿Qué pasa con este». «Lo enviaría el jefe que me sustituyó y no sé quién fue. La baja la da el médico y es automática, es la Dirección General quien designa al nuevo jefe y no sé si sería el que está ahora». «En este nuevo télex se da información pormenorizada». »¿Quén la facilitó para elaborarla?». «Supongo que el sargento transmitiría mis novedades al jefe que me relevó, pero insisto que no sé quién es». «¿Cuánto tiempo estuvo de baja?». «No lo sé. Pasé directamente de la condición de baja a la de procesado[38]». Las preguntas fueron muchas y muy completas. Darío Fernández siguió preguntando y cada vez a lo largo de días posteriores, como veremos, las contradicciones fueron mayúsculas por parte de los procesados. Incluso en uno de los interrogatorios, el abogado durante dos veces le dijo a Castillo Quero que con su propia silla, simulada como el Ford Fiesta, explicara si cayeron al terraplén por la izquierda o la derecha. En las dos veces, quizá fruto de los nervios, dijo que por la izquierda. Darío Fernández se limitó a darle las gracias y pedir al tribunal que constara en acta la declaración para

---

38 Blanco, Miguel Ángel, «El teniente coronel Castillo Quero afirma que su orden fue disparar a las ruedas. Intentó salvar a los que estaban en el coche incendiado, pero no se pudo hacer nada. Está convencido de que los detenidos eran terroristas. En las sesiones de ayer, mañana y tarde, interrogaron al teniente coronel Castillo el fiscal y el acusador particular, que continuará hoy con sus preguntas», *Ideal*, 15 de junio de 1982, pp, 12 y 13.

poner de manifiesto la contradicción, ya que la caída del terraplén, según la pruebas realizadas, había sido por la derecha.

El 15 de junio, segunda jornada del juicio, continuó con el interrogatorio del procesado teniente coronel Carlos Castillo Quero. «El interrogatorio del abogado, intenso, detallado, envolvente, a veces reiterativo, con una evidente dimensión psicológica además de jurídica, ha hecho vacilar numerosas veces al procesado, contradecirse, rectificar anteriores declaraciones, matizar puntos contenidos en el sumario y finalmente confesar al tribunal cerca de las dos de la tarde, tras tres horas de interrogatorio, que se encontraba profundamente cansado. La sesión de la mañana comenzó a las 10.30 con los procesados vestidos de paisano, tras haber aceptado el tribunal el punto de vista del acusador particular de que no era legal que compareciesen a juicio de uniforme por existir una orden del Ministerio de Defensa que prohíbe el uso de uniforme a los militares que comparezcan como presuntos responsables de delito ante la jurisdicción ordinaria. En la Sala de audiencia, repleta fundamentalmente de periodistas y de guardias civiles de paisano (ha habido un escrito de protesta del público dirigido al presidente del tribunal denunciando irregularidades en el acceso a las sesiones de la vista), todavía era perceptible el eco de la última pregunta que el día anterior había dirigido el representante del ministerio fiscal al teniente coronel Castillo Quero, jefe de la comandancia de la Guardia Civil de Almería en la época de los hechos: «Habiendo nueve guardias civiles con metralleta en la caravana, ¿no se podía haber dado alcance al vehículo en el que iban los tres jóvenes sin necesidad de acribillarlos allí mismo?», así comenzó la amplia y detallada información el cronista de tribunales Francisco García, Paco Gor[39], intelectual y obrero del periodismo, definición de Lluís Bassets, su compañero en *El País*: «El interrogatorio del acusador particular se centró en el té-

---

39 Torres, Antonio, «Adiós a Paco Gor, un gran cronista de tribunales», *La Voz de Almería*, 20 de marzo de 2022, p, 20.

lex enviado desde la comandancia de la Guardia Civil de Almería a la Dirección General de la Guardia Civil, cuyo contenido fue transmitido por esta al Ministerio de Defensa, al Ministerio del Interior y a la Dirección de la Seguridad del Estado; en el atestado realizado por la Guardia Civil pocas horas después de ocurridos los hechos, que fue remitido a la autoridad judicial, y en la orden telefónica de traslado de los detenidos a Madrid. En el télex citado figura que los disparos sobre el Ford Fiesta en el que iban los detenidos fueron realizados desde el coche Seat 127 que los seguía inmediatamente. Cuando en declaración efectuada ante el tribunal por el teniente coronel Castillo Quero se dice que los disparos se efectuaron desde su coche, que cerraba la caravana. Al ponerle de manifiesto al procesado esta supuesta contradicción, manifestó que los disparos fueron realizados desde dos coches y apeados de los mismos quienes dispararon». «Respecto al atestado en el que se afirma que se descartó que los detenidos fueran los terroristas buscados, es decir, Mazusta, Bereziartúa y Goyenetxea, el procesado precisó que él desconocía esas diligencias, ya que se limitó a dar una versión general de los hechos que habían ocurrido a los responsables del servicio de atestados. Un punto muy importante, sobre el que se extendió el acusador particular en sus preguntas al procesado, fue el de la orden telefónica de traslado de los detenidos a Madrid, que, según mantiene el teniente coronel Castillo Quero, le fue transmitida desde la Jefatura del Estado Mayor de la Dirección General de la Guardia Civil», continúa Gor con su crónica. «Tras manifestar que normalmente no queda constancia de este tipo de órdenes, y de extenderse en explicar cómo se ejecutan las órdenes dentro del cuerpo de la Guardia Civil, el procesado precisó que si se recibe una llamada telefónica y la orden viene de un superior, aunque sea a través de un inferior, la orden se cumple, pero en ningún caso si se ignora quién la produce. El procesado insiste en que esa orden fue dada a las 4:20 de la madrugada del día 10 por la Jefatura del Estado Mayor de la Guardia Civil en Madrid, a lo que el acusador particular responde con la lectura de su última declaración sumarial, en la que textualmente dice: «No puedo precisar qué autoridad dio la orden de traslado». «La Jefatura del Estado Mayor de la Guardia Civil ¿es autoridad para usted sí o no?», pregunta el acusador particular. El procesado vacila unos instantes, y finalmente da una respuesta afirmativa».

«No sé, no me acuerdo»

Otro tema importante tratado por el acusador particular fue el de las dos pistolas, viejas pistolas con el número de identificación medio borrado, que según el teniente coronel Castillo Quero fueron encontradas debajo de un asiento del coche Ford Fiesta de los detenidos. Según afirmó en otros momentos el procesado, dichas pistolas fueron enviadas al departamento de balística de Madrid, pero posteriormente afirmó que estaban en su despacho envueltas en un papel de periódico cuando llegó a la comandancia después de los sucesos ocurridos en la carretera de Gérgal. «En la sesión de la tarde se produjo un momento de tensión en el juicio, cuando el acusador particular se refirió al télex enviado en la mañana del día 10 de mayo a la Dirección General de la Guardia Civil como el que «sirvió de base para que el ministro del Interior engañase a todo el país». Declarada la pregunta impertinente por el presidente del tribunal, el acusador particular matizó en el sentido de que dicho télex sirvió «para la información errónea del ministro del Interior». El presidente del tribunal siguió considerando impertinente la formulación de esta pregunta. El procesado, que utilizó con frecuencia la respuesta «no sé» o «no recuerdo», respondió de esta manera a toda una serie de preguntas respecto a la manera en que fue sustituido en el mando de la comandancia. Así, dijo que no podía determinar la hora en que fue dado de baja, no saber quién le sustituyó en el mando, tampoco a qué persona le correspondía reglamentariamente sustituirle y no recordar quién tomó el mando durante el tiempo que estuvo de baja». El periodista Francisco Gor concluyó su información: «Otro punto planteado por el acusador particular al teniente coronel Castillo Quero fue saber por qué este no cotejó los documentos que llevaban los detenidos, considerados legítimos por el banco de datos de la Guardia Civil de Madrid, con las personas físicas de dichos detenidos. En un primer momento, el teniente coronel manifestó que esa diligencia no le ofrecía ninguna fiabilidad». «¿Pero cree usted fiable o no el banco de datos de la Dirección General de la Guardia Civil?», insiste el acusador particular. «En principio, sí. Pero sólo en principio», contesta el procesado. «¿Pero usted no se da cuenta que utilizando el sistema que usted empleó pueden correr la misma suerte que las tres víctimas tanto la primera autoridad del país como la más humilde persona?», insiste el acusador. Esta pregunta también fue declarada improcedente.

El 16 de junio se le denegó la reconstrucción de los hechos al abogado acusador en nombre de las familias, Darío Fernández, que pidió pruebas tras evidenciar diversas contradicciones de envergadura del teniente coronel quien declaró que cuando disparó aquel 10 de mayo se encontraba «de la mitad a la derecha de la carretera». Darío Fernández se vio obligado a salir al paso de la estrategia de tanta contradicción. Castillo Quero: «El coche iba andando cuando se produjo la primera acción de fuego ordenada por mí».

La burda historia de las bolsas y de la pensión de Gérgal

Todo el relato escenificado de que los jóvenes habían dejado unas bolsas en Cabo de Gata o de dormir en una pensión de Gérgal es una de las historias más burdas y ridículas que ha escuchado este periodista. De la jornada de ese día es interesante la referencia a Casas Fuertes y el traslado a Madrid por Gérgal que de forma amplia y detallada recogió Miguel Ángel Blanco: «Acusador».- «¿La llave del acuartelamiento de Casas Fuertes, dónde se guardaba esos días?». «Teniente Coronel, no puedo precisarlo». «Estuvo ocupado por la Guardia Civil, ¿hasta cuándo?». «No lo puedo precisar». «¿Estaba desafectado ese edificio en esos días?». «No». «En este momento intervino también la defensa. Hubo un intercambio entre la presidencia, la defensa y la acusación, hasta que el presidente mandó al procesado que aclarase su respuesta». «Los cuarteles no ocupados son patrimonio del Estado y siguen afectos a la Guardia Civil. Cuando pasa el tiempo y salen a subasta y son vendidos, es cuando queda desafectado el mismo. Por eso el de Casas Fuertes todavía no estaba desafectado». «¿Se utiliza para algo?». «No». «¿Está cerrado?». «Por lo menos esa es la orden que dí cuando fue desalojado». «Como el procesado manifestara no saber dónde se guardaba la llave a requerimiento del acusador se leyeron las declaraciones del sumario y en él hace constar que la llave se guardaba en el cuartel. El teniente coronel manifiesta que no sabe si en esa noche se llevaba en el rastreo la llave de Casas Fuertes. El presidente consideró que había una aparente contradicción». «Cuando la autoridad dio autorización para el desalojo todo su personal fue trasladado al cuartel que tenemos en El Zapillo. Supongo que la llave sería llevada a ese cuartel, ignoro si para el rastreo se llevaron la llave». «¿Preguntó a los guardias que hicieron el rastreo por el resultado de esta operación?». «Pregunté y me contestó el sargento que había sido negativa». «¿Llegó a quedarse el trabajo sin concluir?». «No». «Pero, ¿no ordenó regresar a la unidad porque se había recibido un télex de Ciudad Real con la identificación del tercer miembro de ETA, Miguel Ángel Goyenechea?». «Dije que regresaran en favor de otra gestión que había que realizar». «Usted ha manifestado que tenía intención de proseguir los servicios en la playa, ¿no contó con tiempo suficiente desde que regresaron del primer rastreo el sargento y el traslado de la caravana a Madrid?». «No le puedo precisar». ¿Supo usted que la policía realizó un rastreo por la zona a requerimiento del Juez Instructor?». «No». «¿Pensaba buscar la bolsa en Gérgal?». «Yo iba a comprobar la versión dada por uno de ellos. Qué me iba a encontrar, no lo sé». «¿No salió en caravana un coche de marca Talbot en primer lugar?». «No». «Pido que se lea la declaración del guardia de puerta, Antonio García Galera (en el testimonio al que dio lectura el secretario se manifiesta por el guardia de puerta que entre las 12 y las 12:20 salieron de la Comandancia, un Talbot, un 127 y otro coche: que a las dos o 2:30 regresaron. Sobre las 5.20 de la madrugada salieron tres o cuatro coches, iba el Talbot, uno verde, que no vio el Chrysler de (conductor) y que tenía seguridad de que iba el Talbot). «Pues yo me ratifico en lo declarado». En esa crónica de Miguel Ángel Blanco, la más completa, aparece, además, el interesante interrogatorio entre el fiscal jefe José María Contreras y Castillo Quero: «¿Pero, cómo no realizaron atestado?». «A eso voy señoría. Yo no sé si el permiso de conducir es auténtico o no». «Eso es independiente del atestado», le dijo el fiscal. «Yo tengo que encontrar, señoría, la racionalidad y suficiencia del crimen», contestó Castillo. Contreras: «El sistema que utilizó usted de recibir declaraciones a través de los guardias y el cabo, ¿era el usual?» Castillo: «No señoría, pero estábamos en la investigación porque no sabemos quiénes son», «Fiscal, ¿dijo Juan Mañas Morales que era de Pechina?». «En ningún momento, si lo hubiera dicho lo habríamos comprobado».

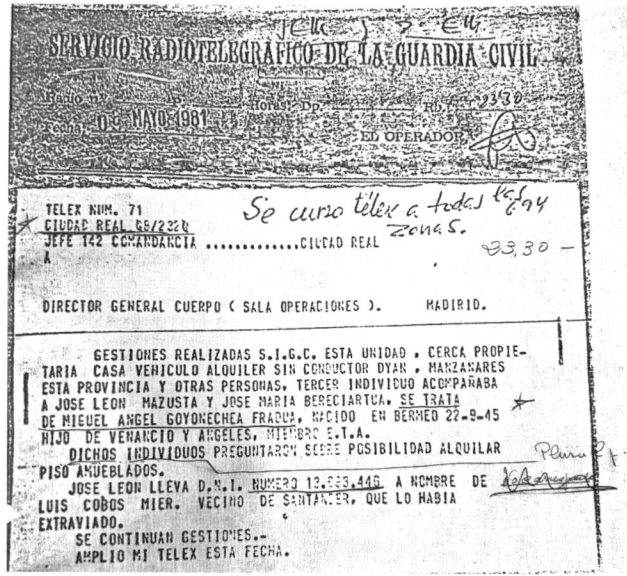

Convoy a Madrid y sin una sola bolsa de aseo

Las constradicciones fueron una constante en el juicio con numerosos cambios de relato. Día 17 de junio. Conviene destacar que la caravana de cuatro coches por la carretera de Gérgal estaba encabezada por un Seat 127, conducido por el sargento que fue el encargado de detener a los tres jóvenes inocentes en Roquetas y que demostró, días después, desconocer los procedimientos de la detención. El fiscal José María Contreras le hizo caer en contradicciones ya que iban a Madrid y no portaba bolsa de aseo y para el viaje a Roquetas llevaron pistolas y no metralletas. Las contradicciones siguieron el 17 de junio. «¿El coche que le precede a usted es un 127?», preguntó el letrado. «Sí», contestó Castillo. «¿Sabe qué personas ocupan el vehículo en ese preciso momento?». «Sí». «Dígalo». «Un guardia, un sargento y un cabo». «¿Seguro?». «Segurísimo». El letrado solicitó la lectura del folio 244 del Sumario en el que dice, según la declaración prestada por el procesado el 22 de mayo de 1981 que no sabía quiénes eran los ocupantes del 127. A continuación, el letrado Darío Fernández sometió al procesado a un interrogatorio envolvente sobre si vio a los detenidos o las siluetas de los detenidos, cuestión que siempre negó. El acusador terminó de interrogar, durante más de 20 horas, al teniente coronel Carlos Castillo Quero, máximo encausado. El abogado Fernández parecía más un psicólogo que un abogado. «Parecía como si buscara una y otra vez que al teniente coronel le vinieran a la mente los cadáveres de los tres jóvenes en un intento de forzar que el inconsciente le traicionara. En un momento determinado incluso le hizo mirar las fotografías de los muertos. Castillo Quero lo aguantó todo». «Fernández centró su intervención en el momento en el que el coche de los tres jóvenes fue tiroteado», definición del periodista Sebastián Serrano de *El Periódico de Cataluña*. Castillo Quero aseguró que volvería a hacer lo que hizo «en cumplimiento del deber».

El autor de este libro cuenta con una foto en la que se ve a una de las victimas carbonizadas en pie buscando aire o el último aliento. En cambio las declaraciones fueron en el sentido de que murieron al instante. «Señor Castillo, después de los disparos, ¿oyó gritos de los estaban dentro del coche?». «No». «¿Alguno de ellos, herido, intentó salir?», prosiguió el acusador. «No». «¿Está en la creencia de que el coche estaba vacío o de que había tres personas dentro?». «De que había tres personas dentro». «¿Supo que el padre de Juan Mañas fue a la Comandancia de Almería el mismo día de los hechos para pedir información sobre su hijo?». «No. Yo me di de baja al volver de Gérgal». «¿Era usted consciente de que los tres jóvenes murieron como consecuencia de los disparos de usted y los otros dos guardias?». «En ningún momento. Yo dirigí mi acción de fuego contra la rueda». El teniente coronel insistió en que al producirse el incendio del coche, tras los disparos, se lanzó a auxiliar a los ocupantes. «Al estallar», precisó, «llegué a arrastrar los glúteos por tierra», relató el periodista Serrano. La vista oral se inició con mucha tensión, dentro y fuera de la sala.

El 18 de junio de 1982 fue una de las jornadas de la vista oral en las que con apenas media docena de preguntas, el defensor del teniente coronel de la Guardia Civil Carlos Castillo Quero, letrado Juan José Pérez Gómez, despachó su turno de interrogatorio a su defendido en lo que se refiere a la concreta actuación de este en el fatídico punto kilométrico 8,400 de la carretera comarcal de Gérgal, lugar donde se sitúan los hechos culminantes del llamado caso Almería, que han sido calificados provisionalmente como tres delitos de homicidio o de asesinato por el ministerio fiscal y el acusador particular, respectivamente, según la crónica de Francisco Gor: «La quinta jornada de la vista del juicio oral sobre el caso Almería ha significado, sin duda, un respiro para el teniente coronel Castillo Quero, tras el intenso y meticuloso interrogatorio a que ha sido sometido a lo largo de las cuatro jornadas anteriores por él acusador particular, abogado Darío Fernández. Si el método utilizado por este último, de acuerdo a los fines acusatorios, fue abordar los hechos con preguntas muy concretas desde todas las perspectivas posibles, la táctica empleada por el defensor del teniente coronel Castillo Quero ha sido, por el contrario, plantear preguntas generales tendentes a demostrar la correcta realización del *servicio* efectuado por su defendido desde el momento de la detención de las tres jóvenes víctimas en Roquetas de Mar, y pasar como sobre ascuas por la forma concreta en que se desarrollaron los hechos en la carretera de Gérgal durante las horas de la madrugada del 10 de mayo de 1981». «De las dos horas escasas que el letrado Juan José Pérez Gómez ha dedicado al interrogatorio de su defendido, al que en todo momento se dirigió con el trato de teniente coronel, una parte importante fue destinada a relatar su historia profesional, desde su ingreso en la Academia General Militar en 1953, hasta su nombramiento como jefe de la comandancia de la Guardia Civil de Almería en 1979, y su cese de dicho caso en mayo de 1981. El tribunal y el público que asiste a la vista han podido informarse con detalle sobre los distintos destinos cubiertos por el procesado y los diversos cursos realizados a lo largo de su carrera militar», escribió Gor. «El interrogatorio, propiamente dicho, con preguntas relacionadas con los hechos que se desarrollaron desde la detención de las tres víctimas hasta el momento en que el Ford Fiesta cae por un terraplén y se incendia, se centró en cuestiones como la orden de traslado a Madrid de los detenidos, la formación de la caravana que debía conducirlos hasta esta ciudad, la adecuación de dicha conducción a las normas legales existentes y la frecuencia de las fugas de presos y detenidos que parece haber en España en los últimos tiempos, incluso esposados y conducidos en el interior de vehículos policiales. Los hechos desarrollados en el kilómetro 8,400 de la carretera de Gérgal, que dieron como resultado la muerte de Luis Montero, Luis Cobo y Juan Mañas, merecieron escasa atención del defensor del teniente coronel Castillo Quero. Llegó a afirmar antes de preguntar sobre ellos que iba a ser muy conciso en este tema. En realidad, la única cuestión planteada por el defensor en relación con los hechos fue la de que su defendido precisase en qué consistió el brusco y anómalo cambio direccional del Ford Fiesta de los detenidos que motivó que los procesados, según su versión, errasen el blanco al que iban dirigidos los disparos y, por el contrario, alcanzasen a los ocupantes en sus partes vitales. El procesado repite lo ya oído en el largo interrogatorio del acusador particular, e insiste en que fue un movimiento que se produjo hacia la izquierda de la calzada mientras disparaban sus armas. Respecto al comportamiento de sus subordinados, el teniente coronel Castillo Quero indicó que «el teniente ayudante, procesado en la misma causa, y el guardia dispararon después de recibir la orden de abrir fuego y, de no haberlo hecho, hubieran incurrido en desobedencia». Castillo siguió insistiendo que los tres detenidos formaban parte de ETA, sin ninguna prueba en una y otra jornada.

«¿No sería que usted incendió el Ford Fiesta adrede?»

El 21 de junio se produjo en la Sala el interrogatorio al teniente ayudante procesado. Su defensor, Pérez Gómez, pidió permiso al presidente del tribunal para que explicara cómo se carga un subfusil Z-62. Entre las risas del público, su defensor le preguntó si el arma que tenía en sus manos estaba cargada, a lo que, por supuesto, respondió que no. El interrogatorio terminó así: «¿No sería que usted incendió el Ford Fiesta adrede, señor teniente ayudante?». Eso no me lo diga usted a mí, que nosotros somos hombres limpios». «¿Ha maltratado usted en alguna ocasión a alguien?». «Nunca jamás». Ese día declaró, también, el guardia civil procesado. Este guardia civil fue condenado a 12 años de prisión y en septiembre de 1986 consiguió la libertad provisional. Interpuso un recurso contencioso-administrativo contra su deposición del cuerpo.

El 26 de junio de 1982, por la mañana, prestó declaración el guardia civil, conductor del vehículo Chrysler en el que viajaron los procesados Castillo y su teniente ayudante Manuel Gómez. A preguntas del Fiscal, dijo que no tuvo relación alguna en la detención de los tres jóvenes, ni en el rastreo por la zona de la playa y que, en la madrugada del 10 de mayo de 1981, el jefe de la Comandancia puso en su conocimiento que se trasladaban a Madrid de servicio y le ordenó que preparara el coche. También declaró que en el kilómetro 8.400 de la carretera comarcal de Gérgal-Tabernas no vio arrojarse a la calzada a dos guardias, que recuerda solamente que el teniente coronel Castillo Quero le ordenó con gran nerviosismo que acelerase y luego que se detuviera. Agregó: «Escuché la orden de disparar a las ruedas del Ford Fiesta, pero no vi los disparos. Mi reacción fue auxiliar al número que estaba en el suelo y pensé que estaba muerto». Precisamente, el conductor del Ford Fiesta en su declaración afirmó que desconocía la composición de la caravana hacia Madrid: «Sólo sabía que delante de mí llevaba un Seat 127 del servicio de información».

El 28 de junio, tercera semana de la vista oral, se inició con el testimonio de un guardia quien se desdijo de sus declaraciones sumariales. El acusador particular, Darío Fernández, puso de manifiesto varias contradicciones del testigo en relación a sus declaraciones en la fase sumarial del proceso. El presidente de la Sala dijo que serían valoradas por el tribunal en su momento. A preguntas del fiscal José María Contreras, un guardia explicó que estuvo presente en la detención de las tres víctimas en la urbanización de Roquetas de Mar y describió cómo se produjo. Verificada la detención, según la crónica de Julio M. Lázaro del diario *Ya*, y de regreso a la comandancia de Almería, él estuvo vigilando a Juan Mañas prácticamente durante todo el tiempo, excepto mientras el detenido era interrogado por el sargento. La actitud de Juan Mañas durante todo el tiempo que Pavón permaneció vigilándole fue correcta y «no cambiamos impresiones, no preguntó, no comentó y no se quejó de nada». Pavón también participó en el rastreo nocturno por diversas playas para, siguiendo las indicaciones de Mañas, buscar una bolsa olvidada por los detenidos. Sobre este particular, se limitó a confirmar las anteriores declaraciones de sus compañeros. Posteriormente, manifestó ser el conductor del automóvil 127 que abría la comitiva de traslado de los detenidos y en el que viajaban también dos sargentos. A uno de ellos, le preguntó Darío Fernández: «Para usted, en el momento de la detención, ¿eran terroristas?». «Sí». «¿Y en qué se fundamenta para creerlo?». «En el radio que habíamos recibido diciendo que eran tres terroristas y debido a la forma de ser de ellos». «¿Cuál era esa forma de ser?», insistió el acusador. «La actitud de ellos fue correcta en todo momento y eso era lo que más nos preocupaba a nosotros. Cuando ellos se dan cuenta de que no hay escapatoria, dada la distancia a que se encuentran adoptan una actitud pasiva». A preguntas del abogado defensor, Juan José Pérez Gómez, el número negó que ninguno de los detenidos hubiese dicho a uno de los guardias, «¿es que no me conoces?».

Mentira fabricada

El 1 de julio prestó declaración Loli Cobo, hermana de Luis Cobo. Durante el interrogatorio los defensores siguieron tratando de desprestigiar a las víctimas, continuando con su táctica de no profundizar en los hechos que se estaban juzgando, sino en la vida personal de los tres jóvenes fallecidos. La hermana de Luis Cobo, Loli, realizó un tremendo esfuerzo para aguantar el interrogatorio con extraordinaria serenidad. Después, al salir de la sala, y tras detener su mirada fija en los tres procesados, no pudo aguantar más y se echó, llorando, en los brazos de María Morales, la madre de Pechina. Después declaró el teniente del puesto de Aguadulce, Francisco Granados Fernández, que participó en el dispositivo de la detención en Roquetas y manifestó que él no vio que se hiciera registro alguno en el Ford Fiesta en Roquetas. Dijo el teniente que tampoco vio las pistolas encima de la mesa del teniente coronel como este aseguró. La declaración del guardia, conductor del coche donde viajaba el teniente de Aguadulce, reveló un dato de interés. Según este guardia, el patio de la Comandancia sí está iluminado suficientemente como para distinguir todos los coches que aquella noche de mayo estuvieron allí. Las declaraciones titubeantes y contradictorias continuaron con el misterio del Ford Fiesta en el que viajaron los tres jóvenes y la mentira fabricada de las pistolas. Mientras tanto, en una táctica sorprendente, los defensores volvieron a insistir que los tres fallecidos eran tres etarras.

El 2 de julio prestó declaración como testigo el jefe del Servicio de Información de la Policía de Almería, subcomisario Enrique Ruiz Ibáñez, que admitió colaborar en varias ocasiones con la Guardia Civil y que esa noche no lo citaron. Señaló que si le hubiera presentado el caso habría puesto en libertad a los tres jóvenes, tras haber averiguado con los DNI que eran inocentes.

El inspector de Policía Antonio Ricol Benzón, que fotografió el escenario de los sucesos y es además especialista en técnicas de documentación, aseguró haber encontrado aquella mañana del 10 de mayo una lata vacía (de las de aceite de cinco litros) y unos trapos semienterrados con manchas negras. Manifestó después que, como especialista, los documentos de Montero y Cobos eran correctos, y que la Policía no pudo encontrar huellas digitales, dado el estado de calcinación de los cadáveres, según la crónica de Ramos Espejo para *Diario de Granada* de 4 de julio de 2022. El fiscal Contreras interrogó acerca de si eran viejos o nuevos los trapos y la lata que el testigo había visto. Ricol contestó que no podía precisar. Por su parte, el Comisario Jefe de la Policía de Almería, José Sánchez Jimeno, declaró como testigo de la acusación en una sesión de mañana breve. La revelación más importante fue la de afirmar que creía que la Guardia Civil tenía material adecuado para la identificación de las huellas dactilares y confesó que en la comisaría se recibió un télex, aunque no recordaba el día en el que daba cuenta de la presencia de etarras en la provincia. El 4 de julio, una vez que prestaron declaración los tres procesados, declararon ocho guardias civiles que también formaban parte de la caravana del supuesto traslado de los detenidos.

Los heridos han sido evacuados

Llegó el turno para el 5 de julio de los testigos que vieron cómo ardía el coche. Resultaron claves sus testimonios. Eran aficionados a la pesca deportiva del Club El Palmeral, y se toparon con el coche incendiado cuando viajaban a un campeonato de pesca fluvial en la comarca de Baza. Los pescadores portaban un extintor, según sus declaraciones sumariales, y tres guardias civiles les dijeron que los heridos habían sido evacuados. Estos cinco pescadores ofrecieron un testimonio muy valioso. Aclararon algunos puntos oscuros, tales como que el coche ardía sin que nadie, en ese momento, se encontrara apagando el fuego, ni con tierra, ni con trapos, ni con extintores, ni con coches de bomberos, ni ambulancia. El pescador deportivo, Juan López Aléncijar, recordó que vio un resplandor y después las llamas que sobresalían del barranco a la carretera, como unos cincuenta centímetros. Inmediatamente paró el coche y, cuando iba a bajarse, una persona, que se identificó como miembro de la brigadilla de la Guardia Civil, le indicó que continuaran. El referido pescador ofreció un extintor. «Los heridos han sido evacuados. Ustedes márchense». Los heridos no fueron evacuados hasta cuatro horas después, pero al cementerio. Eran las 06.45 de la mañana. Transcurridos de 15 a 20 minutos desde la iniciación del fuego, el teniente coronel y demás miembros del servicio volvieron a la Comandancia, manteniéndose en el lugar de autos solo uno de los coches 127, así como el sargento y dos guardias, en misión de vigilancia y regulación del tráfico hasta que llegó más tarde un relevo del servicio COS.

En relación con los pescadores que se encontraron en la carretera con el coche incendiado, Darío Fernández solicitó un careo entre estos y los guardias civiles implicados, pero el juez instructor lo denegó.

Reiteramos que, horas antes, el sargento dejó unos minutos la caravana para ir al Aeropuerto y llamar por teléfono a Castillo, sin utilizar el radioteléfono del coche, dato confirmado por el guardia del Aeropuerto de esa noche, Luis Díaz Ocaña, interrogado por el acusador junto al guardia jurado Francisco Arresa Galán, sin aportar datos relevantes[40]. Ese dato, confirmado por la sentencia, indica muchos interrogantes sobre si en ese punto de Casas Fuertes y la no utilización del radioteléfono contribuyeron a pensar que Mañas ya iba muerto.

Grilletes sin manos

El 7 de julio, el sargento declaró en el juicio que el año anterior, el domingo 10 de mayo de 1981, fue llamado a primera hora por encargo del teniente coronel Castillo para que levantara el pertinente atestado de lo ocurrido en la carretera de Gérgal. Se desplazó a las 9.30 y llegó al lugar del «accidente» acompañado de dos guardias y avisaron al Juzgado de Guardia. Allí se encontraron a tres compañeros vestidos de uniforme y algún coche oficial y llegaron el juez, dos forenses y algún policía a la carretera de Gérgal alrededor de las 10.30, según la explicación dada en el juicio. El sargento testimonió que cuando fue al lugar de los hechos a levantar el atestado vio el Ford Fiesta, los cadáveres de los jóvenes, las ruedas calcinadas y los orificios de las balas. «En el neumático no vi ningún impacto, pero yo doy primacía a lo que me relataron mis compañeros y estos aseguran que dispararon a las ruedas». Darío Fernández le insistió haciéndole ver que no tenía explicación que habiendo disparado a las ruedas los impactos aparecieran en la parte baja del vehículo. «Señor» le preguntó Darío, «para usted, la zona situada por encima de la

---

40 Ramos, Antonio, «Cinco pescadores vieron arder el Ford Fiesta», *Diario de Granada*, 7 de julio de 1982.

matrícula ¿es parte alta,media o baja?». Castillo contestó: «Para mí, la parte de encima de la matrícula es parte baja del coche[41]». Regresaron a la Comandancia a las 13 horas. El agrupamiento de tiros no pudo hacerse con el coche en marcha. Para el sargento está claro que los impactos de bala que se aprecian se pueden perfectamente deducir que los disparos iban dirigidos a las ruedas, aunque no hay ningún orificio en las llantas y un total de 15 balas penetraron en los cuerpos de los detenidos. El sargento aseguró que observó los cadáveres antes de que estos fueran levantados, que vio unos grilletes allí donde debería haber habido unas manos, porque las manos habían desaparecido calcinadas. La madre de Juan Mañas, que asiste diariamente al juicio desde que declaró el sargento, se puso a llorar[42]».

El 12 de julio, tras 72 horas de descanso establecido por el tribunal, se reanudó el juicio que entraba en la recta final. Los forenses reconocieron el 12 de julio de 1982, durante la vista oral, que los tres jóvenes murieron por disparos. «No pudieron sentir la acción del fuego que los consumió. No se apreciaron en los cadáveres secuelas de lesiones ajenas a los disparos[43]». Los cinco peritos que ilustraron a la Sala coincidieron en que las tres muertes fueron consecuencia única de los disparos. Los peritos médicos fueron Basilio Compán Hanza y Antonio Plaza Amador, junto a los catedráticos de medicina Francisco Nogales González, Enrique Villanueva Cañadas y el que llegó a ser presidente del Real Betis, Hugo Galera Davidson, catedrático de Anatomía Patológica, quien pasó su infancia y juventud en Sorbas, locali-

---

41 Miralles, Melchor, «Los defensores renuncian a los testigos y sorprenden a la sala», *Diario 16*, 8 de julio de 1982, p, 9.

42 Serrano, Sebastián, «El coche recibió ocho impactos estando parado. Fallaron todos los disparos dirigidos a las ruedas, a 25 centímetros», *El Periódico de Cataluña*, 8 de julio de 1982, páginas de España política.

43 Gor, Francisco, «Las víctimas del caso Almería eran cadáveres cuando se produjo la combustión del coche, según el informe de los forenses», *El País*, 13 de julio de 1982.

dad que visitaba regularmente hasta su fallecimiento en 2020. «Nosotros no realizamos ninguna diligencia de reconocimiento, excepto del cadáver de Mañas, tal como nos ordenó el juez. Vimos una prótesis del cadáver de Cobo que fue reconocida por su hermana. En ningún momento hemos dudado de que los cadáveres A, B y C que nosotros examinamos correspondían a Montero, Mañas y Cobo», contestó el forense Antonio Plaza Amador a Darío Fernández quien prosiguió el interrogatorio al forense Plaza y a Basilio Compán, otro forense, que permanecía en silencio; fueron los que siguieron el caso Almería desde el inicio. «Tras los estudios que ellos llevaron a cabo», continúa Antonio Plaza, «llegaron a la conclusión de que la causa de la muerte de los tres jóvenes fueron los impactos de las balas. En el cuerpo de Mañas, que era el más carbonizado, podía haber más impactos de disparos de los que fueron localizados». Segundos después de decir esto Antonio Plaza, comenzaron a escucharse en la Sala unos gemidos. Todas las cabezas giraron hacia atrás y las miradas coincidieron en el rostro de María Morales, madre del joven Mañas.

El dolor de una madre, tras escuchar mentiras

El presidente del tribunal solicitó a los subalternos que acompañaran fuera a María Morales hasta que se calmara. En un cadáver calcinado es tremendamente difícil encontrar los orificios de entrada y salida de los proyectiles, debido a que estos desaparecen por efectos de la carbonización, aseguró Plaza. Respecto a posibles señales de violencia previa a los disparos, el forense Plaza indicó que no había encontrado indicios de que se hubieran infringido malos tratos a los jóvenes previamente, ya que no tenían hematomas. Darío Fernández mostró su extrañeza de que los forenses pudieran dar opiniones fundadas si no habían examinado los cadáveres, a lo que contestó Enrique Villanueva que él se basaba en la deontología profesional de sus compañeros y en su experiencia profesional[44]. Los peritos en balística localizaron 46 impactos en el Ford Fiesta. A esta cifra hay que añadir un número considerable de impactos en lo que se llama la salpicadura, la parte oculta del guardabarros delantero adonde iban a parar los disparos procedentes de los tiradores de atrás. También hubo una serie de disparos no contabilizados porque atravesaban como orificio de entrada y salida los cristales de ventanilla a ventanilla. Los cristales quedaron destruidos. »Eran, como señala la versión oficial, tres tiradores los que realizaron las acciones de fuego: el número con una pistola desde la parte izquierda de la calzada y el teniente coronel con subfusiles. El guardia consumió, según su propio testimonio, dos cargadores de ocho balas cada uno, es decir, que llegó a gastar 16 balas. Los otros dispararon con subfusiles[45]».

El 17 de julio, los abogados defensores reconocieron que los procesados son autores de tres delitos de homicidio, aunque no aceptaron la responsabilidad criminal. «Insisten en pedir la libre absolución de sus patrocinados». «La acusación particular retiró el ensañamiento como circunstancias agravantes», según fuentes jurídicas consultadas por *Diario 16* señalaron que era normal, «después de que, a la vista de las pruebas practicadas en el juicio, parece haber quedado aclarado que los jóvenes murieron acribillados a balazos sin sufrir en absoluto durante el incendio del coche al haber perdido la vida antes de que este produjera[46]».

---

44 Miralles, Melchor, «A Montero, Cobo y Mañas les mataron a balazos», *Diario 16*, 13 de julio de 1982, p, 6.

45 Ramos, Antonio, «Todos los disparos, según la versión oficial, todos los disparos producen cuando el Ford Fiesta está en la calzada», En Ramos, Antonio, *El caso Almería. Abierto para la historia*, Centro Andaluz del Libro, Sevilla, 2011, pp, 351-353.

46 Miralles, Melchor, «Las defensas reconocen que los procesados son autores de tres delitos de homicidio», *Diario 16*, 18 de julio de 1982, p, 6.

Este investigador cuenta con una foto impactante. No se puede mostrar por respeto, procedente del sumario, en la que aparece un cadáver carbonizado en pie y con la cabeza colgada en el asiento delantero del chófer del vehículo.

«¡Fuego a las ruedas!»…y ningún disparo en las ruedas

El 21 de julio de 1982 comenzó el interrogatorio del teniente ayudante y admitió que fue uno de los tres procesados que, según su propio testimonio, disparó contra el Ford Fiesta. Le pareció normal que todos los guardias civiles que llevaban a los detenidos a Madrid no fueran de uniforme: «Va uno de forma menos visible y más en caso de servicio de terrorismo». Según la crónica del curtido periodista Julio M. Lázaro, enviado especial del extinto diario católico *Ya*: Durante el traslado de los detenidos, el teniente iba en un Chrysler, junto al teniente coronel Castillo y un guardia, cerrando la caravana: «El Ford Fiesta hizo un giro anormal hacia la derecha, al tiempo que el 127 (Seat) que iba delante se iba para la banda derecha. Vi caer un bulto del coche al enfocar, yo, las luces de nuestro automóvil que era el guardia. El teniente coronel le dijo al conductor: Acelera y para. Salió, y luego, con voz imperativa, ordenó: ¡Fuego a las ruedas, que se escapan, que se escapan! ¡Que se escapan, a las ruedas! Yo comprendí inmediatamente la orden. Estaba fuera, a la derecha del teniente coronel y a unos tres metros del coche. El incrédulo fiscal José María Contreras le interrumpió con la pregunta «¿Y a esa distancia falló?». «Yo jamás, jamás en la vida podía fallar», respondió con vehemencia el teniente, «el coche iba andando y adonde yo disparaba no podía fallar. Me considero un tirador normal». El fiscal le hizo notar entonces que en la versión que hizo de los hechos para el primer atestado que se levantó decía que «el teniente coronel, bajándose, empezó a disparar diciendo: Fuego, que se escapan». No obstante, el teniente interrogado se ratificó en su versión de que el teniente coronel Castillo había ordenado disparar a las ruedas. El procesado precisó que había visto a los detenidos en un pasillo con luz suficiente para reconocer personas. «En uno de ellos sí me fijé en el que tenía la cara redonda, los ojos saltones (Luis Montero). Luego vi su carné encima de la mesa del teniente coronel y la fotografía correspondía a ese». «Eso no lo había dicho usted antes», observó el acusador, «¿por qué?». «Eso se me ha venido a la memoria, y yo estoy aquí para colaborar y decir la verdad». «Después, a preguntas del letrado, el teniente afirmó que el teniente coronel Castillo le había mostrado las pistolas que, según dijo, les había ocupado a los detenidos y que el propio Castillo le había dado un anorak en el momento de partir en el vehículo en cuyo interior llevaba las armas. El teniente se encontraba en el patio de la Comandancia cuando bajaron a los detenidos[47]».

El fiscal acusa de mentiroso a Castillo Quero

El fiscal jefe de la Audiencia Provincial de Almería, José María Contreras Díaz, acusó de mentiroso al teniente coronel Carlos Castillo Quero. «No creo nada de lo que ha dicho, porque ha demostrado que miente descaradamente desde el principio». Contreras, en la recta final del juicio, dijo: «A los jóvenes muertos no se les hizo una pregunta elementalísima: Señores, ¿qué hacen aquí y a qué han venido?». Continuó el fiscal Contreras denunciando que los procesados nunca actuaron correctamente «con los muchachos a los que no se les leyeron los derechos constitucionales y el famoso artículo 520 de la ley de Enjuiciamiento, de inmediata comunicación del motivo de su detención, asistencia letrada o comunicación a los familiares».

No obstante, el fiscal Contreras explicó que no se trataba de que la Guardia Civil actuara siempre así. «¿Qué riesgo asumía usted para acribillarles estando dentro del coche, esposados y con las puertas cerradas?», preguntó el acusador Darío Fer-

---

47 M. Lázaro, Julio, «El teniente Gómez Torres declara que vio a las víctimas tras su detención», *Ya,* 8 de junio de 1982.

nández a Castillo Quero. El presidente del Tribunal, antes de responder Castillo Quero, le dijo si se hallaba en condiciones de seguir declarando, dado el estado en que se encontraba. El procesado respondió que estaba cansado y prefería seguir por la tarde. Darío Fernández le pidió al Tribunal que, únicamente, le respondiera a esa pregunta en menos de dos minutos. Castillo dijo que no podía en una jornada que estuvo apesadumbrado. «Yo tenía orden de trasladar a tres terroristas, y si se hubieran escapado, yo estaría ahora en Consejo de Guerra», dijo Castillo. Darío Fernández le replicó: «Señor Castillo, los que se habían escapado eran los dos guardias civiles, dos personas de su confianza».

El guardia manifestó durante el juicio que los tres detenidos se mostraron sorprendidos de su detención en Roquetas de Mar. «Uno de ellos preguntó qué pasaba, a lo que un guardia le respondió que se callara. Les trasladamos a la Comandancia de Almería. Yo llevé el Ford Fiesta sin efectuar en el mismo ningún registro». El cabo durante la vista oral mantuvo intervenciones de tensión. En tres momentos de la declaración, el presidente José Jiménez llamó la atención del cabo por su insolente actitud hacia el abogado acusador Darío Fernández. En la información de Melchor Miralles se recogió uno de ellos: «Recibí órdenes de llevar a cabo un rastreo por la zona de la playa con el detenido Juan Mañas, con el fin de buscar una bolsa que este decía haber dejado cerca de una torre mora, rastreo que no dio los frutos apetecidos». El cabo, tras explicar que ni sabía ni supo hasta días después los nombres de los supuestos etarras que habían detenido, no llegó a ver fotos de estos para comprobar si coincidían con los tres jóvenes que tenían en su poder. El cabo manifestó: «Pienso que eran miembros de ETA, y seguiré pensando que lo eran hasta que no se demuestre lo contrario. Además, si no lo fueran, cuando les detuvimos hubieran puesto el grito en el cielo y no lo hicieron, comportándose siempre correctamente».

«Esta afirmación, contraria al espíritu de la ley en el sentido de que cualquier ciudadano es inocente mientras no se demuestre lo contrario, provocó en la sala murmullos reprobatorios de las palabras del testigo», se subrayó en la crónica de *Diario 16*. El cabo no pudo explicar al fiscal Contreras cómo dos días después de los hechos manifestó haber olvidado la orden de disparar al coche, no a las ruedas. «Sera», dijo, «que en el primer momento no lo recordaba bien, pero ahora lo hago perfectamente».

Los nueve testigos no fueron incomunicados

Durante las últimas jornadas de la vista oral, el abogado acusador en nombre de las tres familias, Darío Fernández Álvarez, mostró su decepción, como hemos reiterado, por la actuación del juez que acudió al lugar de los hechos el 10 de mayo. «El juez debió haber incomunicado a los 11 guardias civiles. Tuvieron tiempo de charlar y preparar sus declaraciones».

Respecto al rastreo por la zona de la playa dijo Darío Fernández que él no podía asegurar «que los detenidos fueran torturados, pero no sirve el pretexto de que fueron allí por una bolsa, ya que no podía haber dejado esta en su lugar; la bolsa estaba en la casa de Pechina. Además, ellos mismos podían haber introducido alguna bolsa en el coche como hicieron con las pistolas. Y no es cierto que Juan Mañas no se bajara del coche, pues estuvo en el interior de Casas Fuertes. Allí había dos habitaciones impolutas, sin una mota de polvo, cuando se trata de un cuartel abandonado. Había una habitación recién encalada, dos cuerdas y unas manchas que según los peritos no eran de sangre, pero ellos recogieron las muestras dos semanas después de yo pedirlo. No les llevaron sólo para buscar una bolsa». Darío Fernández: «no creo nada de lo que dice el teniente coronel Castillo Quero porque miente descaradamente desde el principio, fingió una enfermedad para preparar lo que iba a decir. Ha mentido desde el primer momento y se ha contradicho desde su primer testimonio. Su cinismo es grande, ya que cuando se miente con uniforme es más grave, Castillo no merece ningún respeto». Fernández coincidió con el fiscal Contreras en que la orden del teniente coronel Castillo no fue de disparar a las ruedas y añadió que era increíble la cobardía de Castillo Quero al destruir las cuartillas en las que anotó las preguntas que le hacía a los detenidos. Estaban detenidos, aunque digan que no, y no se cumplieron las leyes que están hechas para su observancia, y no para estar sometidas al capricho de nadie, por muy teniente coronel que sea». Castillo Quero durante la vista oral negó que Juan Mañas hubiera dicho ser natural de Pechina y se alteró cuando el fiscal Contreras le contradijo: «El primer atestado que realiza la Guardia Civil sobre los hechos, en la mañana del 10 de mayo de 1981, se dice que se sabía y estaba comprobado que los detenidos no eran los terroristas. «¿Cómo se explica usted esta contradicción con sus palabras anteriores?». El teniente coronel Castillo Quero, en tono de voz elevado, respondió: «Desconozco esas diligencias. Tenía el convencimiento de que eran terroristas. Es más, sigo creyendo que los tres jóvenes eran terroristas».

Nunca este periodista pudo percibir esa otra cara de Castillo Quero. Era, aparentemente, un tipo afable. Al menos eso me pareció antes del caso Almería. Fue mi confidente y no me negaba informaciones ni confirmaciones en sucesos e incidentes de la provincia. Dos meses antes del drama de los tres muchachos se me echó a llorar, literalmente, y con el colega Pedro Manuel de la Cruz de testigo, por la muerte de María Asensio Morales, de 29 años, fallecida en una manifestación en contra de una empresa que pretendía el control del agua en la barriada de Overa, término municipal de Huércal Overa.

En otra ocasión, el propio teniente coronel amonestó a dos números de la guardia civil que molestaron al colega Antonio Grijalba de *La Voz de Almería* y a este informador mientras estábamos entrevistando al entonces presidente del Gobierno,

Adolfo Suárez, en el aeropuerto de Almería. Esa misma tarde, en la comida de periodistas y autoridades, Castillo Quero se nos acercó para anunciarnos: «Antonios (sic), los guardias que os han molestado han sido reprobados». Algo que nos pareció desproporcionado, pero que nos vino a la mente cuando supimos lo siniestro total de meses después con el caso Almería.

Los defensores reconocen delitos de los procesados

El 20 de julio, los abogados defensores rectificaron después de un año de acusar a la prensa de destruir la imagen de su defendido, según Pérez Gómez, y de intentar convertir el juicio en un proceso a la Guardia Civil. Reconocieron que no solo existieron delitos, sino que sus patrocinados son los autores de los mismos. «Rectificar en las definitivas las conclusiones provisionales es algo que se ve todos los días en las salas de justicia. Pero muy pocas veces con un giro de tal brusquedad y después de haber llevado una estrategia durante la testifical y la pericial tendente a la negación de la existencia de delito alguno y al ataque a los tres jóvenes muertos[48]». En cambio, siguieron refiriéndose a que Juan Mañas no dijo que era de Pechina ni que exhibió su DNI. El padre de Juan Mañas saltó del banco y abandonó la Sala diciendo «no lo aguanto más. Eres un mentiroso. ¡Mentirosos!». La madre de Mañas le contestó a Pérez Gómez: «¡Te tenían que cortar la lengua, embustero!». En el transcurso de la vista sobre el tema del DNI se le advirtió a José Mañas, hermano de Juan. También sobre la localización terrorista, el presidente de la Sala, José Rodríguez, utilizó varias veces el término «no procede». «Usted manifiesta», expresión de Darío Fernández, «que no verificó la identidad personal, ¿cuál era su misión específica?, ¿había delegado su mandato?, ¿considera que pudo producirse una detención ilegal?». Respondió el presidente de la Sala: «Esa

---

48 Miralles, Melchor, «Rectificar a destiempo», *Diario 16*, 21 de julio de 1982, p, 8.

es una pregunta de tipo jurídico, que no procede responder al procesado[49]».

El 23 de julio de 1982, Pérez Gómez, defensor del teniente coronel Castillo, acentuó la colisión de derechos que se produce, según él, en este proceso: «Vosotros sois los juzgadores competentes, pero no podéis olvidar que estáis juzgando a unos hombres sujetos a sus leyes militares[50]».

Designio divino

En la sesión del 24 de julio, Castillo Quero se puso enfermo por agotamiento. El «designio divino» fue la causa última de las muertes, y la mente humana, «a pesar de ser una creación de Dios, es muy limitada», subrayó el abogado defensor Pérez Gómez.

El 26 de julio, Tara Hernández, defensor del guardia condenado, informó de manera acalorada, interrumpido varias veces por el presidente del tribunal, expuso las mismas eximentes de los otros dos abogados defensores. Tara Hernández acusó con dureza al abogado Darío Fernández, acusador particular en nombre de las familias. Tara atacó a la prensa por haber infundido una imagen irreal de Casas Fuertes y de los cinco pescadores de El Palmeral a los que descalificó por mentir «descaradamente». Como quiera que una de las balas, alojada en el cuerpo de Juan Mañas, era atribuida a la pistola del guardia Fernández Llamas, su abogado, Tara Hernández, dijo que esa bala le había alcanzado de rebote, que primero había dado en la carretera y luego se había alojado en el cuerpo del joven Mañas.

El abogado Pérez Gómez interrumpió las intervenciones del fiscal y del abogado acusador durante las conclusiones. El pre-

---

49 Blanco, Miguel Ángel, «El teniente coronel Castillo Quero afirma que su orden fue disparar a las ruedas», *Ideal*, 15 de junio de 1982, p, 13.

50 Miralles, Melchor, «El defensor de Castillo Quero invoca el Código Militar», *Diario 16*, 24 de julio de 1982, p, 9.

sidente del Tribunal José Jiménez le llamó la atención por interrumpir constantemente. Tras estas advertencias repetidas del Tribunal, Pérez Gómez comenzó sus ataques a la prensa: «Ha destruido la imagen de mi defendido (Castillo Quero) y ha sido siempre arbitraria e injusta». En este punto, y ya en un tono más enérgico «y, mientras que, a la vez en la Sala» crecía la crispación, el presidente le ordenó al letrado Pérez Gómez: «No siga haciendo referencia a hechos ajenos al sumario. No le toleraré ninguna palabra más a este respecto».

Fin del juicio

El martes 27 de julio de 1982 acabó la vista oral, tras el inicio de la vista oral el 14 de junio, uno de los juicios más largos de la historia de la Audiencia Provincial de Almería. El sumario 65/81 del caso Almería, uno de los más largos de la historia judicial española, con 32 jornadas hábiles y 135 horas de duración[51] con la gran expectación desde el inicio del juicio en el que un tribunal civil juzgó por primera vez a guardias civiles por delitos cometidos en el ejercicio de sus funciones. «Finalmente, el presidente, José Jiménez, ordenó a los procesados que se pusieran de pie. Uno a uno fue preguntándoles si tenían algo que declarar en su defensa. El teniente coronel Carlos Castillo Quero y el guardia Manuel Fernández Llamas, respondieron con un escueto 'no'. El otro condenado, el teniente ayudante Manuel Gómez Torres, respondió: «Sí señoría, quiero decir que siento mucho todo lo que ha ocurrido». Tras la confesión con ese sentimiento de Manuel Gómez Torres, el presidente José Jiménez declaró el juicio concluso y visto para sentencia[52]».

---

51 Torres, Antonio, «El caso Almería, visto para sentencia», *Diario 16*, 28 de julio de 1982, p, 9.

52 Blanco, Miguel Ángel, «El juicio del caso Almería quedó visto para sentencia. Si la condena fuera superior a tres años, los procesados quedarían separados de la Guardia Civil. El Ministerio Fiscal informó desfavorablemente sobre la petición de la acusación particular de que se iniciara

Sobre este gesto de Gómez Torres, pregunté a Darío el 9 de julio de 2021: «Gómez respondía al cliché de bondad y sentimiento, pero fue a piñón fijo de lo que le mandaran, como el resto, aunque conocí el caso de uno que se ofreció voluntario para ir en la caravana. Hubo perjurio de muchos que en el sumario dijeron una cosa y en la vista oral aseguraron otra».

Un día después de finalizar el juicio, apareció un nuevo periódico en Almería, *La Crónica*, bajo la dirección de Joaquín Abad, y uno de sus temas de portada fue conseguir en primicia el análisis de la vista oral por parte de los abogados del caso Almería, Juan José Pérez Gómez (42 años de experiencia) y Darío Fernández Álvarez. Dichas entrevistas fueron realizadas por Pedro M. de la Cruz y las fotos publicadas de los abogados tienen la firma de Juan Luis del Olmo, fallecido prematuramente en enero de 2021 quien desde el 14 de junio, fecha del inicio del juicio, se había encargado del reportaje gráfico. De la Cruz escribió: «Las dos partes coinciden en que el juicio se ha desarrollado de una forma correcta». «La actitud de la prensa ha sido la normal en un Estado que aspira a ser democrático y en la vista se estaba juzgando a individuos, y no a la Guardia Civil», afirmó Fernández. «Un sector de la prensa merece mi más contundente censura. La labor del periodista entiendo que es informar con la mayor objetividad posible, pero rechazo que las noticias se den a través de la impresión que recibe el periodista según sus ideas políticas o sociales. Ninguno de los defensores hemos sido preguntados sobre los hechos y sus pruebas», denunció Pérez Gómez que consideró el juicio «demasiado largo». Sobre este punto, otro de los abogados defensores, Fulgencio Pérez Dobón (Almería, 1947-2023), hijo de Pérez Gómez, elogió la labor periodística desarrollada por Miguel Ángel Blanco (*Ideal*) y Diego Domínguez (*La Voz de Almería*), «sus crónicas son monumen-

---

procesamiento contra el director general de la Guardia Civil, por posible falsedad de un documento», *Ideal*, 28 de julio de 1982.

tos del buen hacer periodístico en algo tan delicado como es un proceso judicial».

El desarrollo de la vista oral con contradicciones en todas y cada una de las intervenciones de los 11 guardias civiles en cada jornada de la vista oral y la sentencia de 1982 ofrecen datos suficientes para pensar que fue un asesinato. La verdad oficial, la verdad jurídica, está en la sentencia de la Audiencia Provincial de Almería. Lo que queda claro es que desde el principio hubo una falta institucionalizada por buscar la verdad. El juicio fue de los más largos de la historia en la provincia. El Fiscal Jefe, José María Contreras Díaz, destacó: «Han sido cuarenta sesiones en 23 días a lo largo de mes y medio». La trascendencia de este juicio, señaló Contreras, comparable en la historia al llamado Crimen de Níjar, que dio pie a que Federico García Lorca hiciera una historia universal, *Bodas de sangre*, y *Puñal de Claveles* de la almeriense Carmen de Burgos, Colombine, primera periodista española, corresponsal de guerra, precursora del feminismo y redactora en Madrid.

Algunos recuerdos del juicio y las amenazas a periodistas

La tensión ya se respiraba al llegar a la Audiencia con personas insultando al letrado y a varios periodistas. El juicio fue uno de los que mayor interés despertó en la historia judicial de España. La exdirectora del Centro Territorial del Sur de RTVE, Pity Alarcón, fue la única mujer periodista que siguió para RNE todas las sesiones de la vista oral que se prolongó hasta el 27 de julio. «Recuerdo el juicio», señaló Alarcón, «como algo especial en mi vida de periodista. Recuerdo a los padres de los asesinados por la Guardia Civil, rigurosamente de luto, y asistiendo diariamente al desarrollo del juicio que se celebraba en la Audiencia Provincial de Almería. Justo al lado del hotel en el que me alojaba, en el que nos alojábamos la mayoría de los periodistas que cubríamos el juicio. Un hotel cercano para no perder mucho tiempo en los desplazamientos ya que las sesiones eran de mañana y tarde y, en la radio, era necesario entrar varias veces en los boletines a lo largo del día. Se llamaba el Gran Hotel. Yo era la única mujer que cubría la noticia para un medio de comunicación, en mi caso RNE. Quizás porque en ese tiempo no era normal esto, los que más tarde escribieron algo sobre ese juicio siempre obviaron mi nombre, y mi medio también. Y recuerdo algo que me ocurrió cuando preparaba una crónica en mi habitación para enviar a Madrid. Ya nos habían advertido de que la ultraderecha tenía una cierta fijación con los periodistas que cubrían el caso. Era por la tarde. En un momento tocaron la puerta, me acerqué a ella y un sexto sentido me hizo no abrir y preguntar quién era. Una voz de hombre me contestó que «el camarero». Yo no había llamado a ningún camarero. Instintivamente me lancé al teléfono. Llamé a la recepción y les dije que alguien estaba en mi puerta diciendo que era un camarero que yo no había llamado a ninguno y que tenía miedo. Inmediatamente subieron a mi habitación. No encontraron a nadie en mi puerta, tampoco en el pasillo, tampoco en el hotel. Alguien estuvo allí, con no buenas intenciones, y nunca supe quién o quiénes eran. Recuerdo también las charlas que manteníamos los periodistas con Darío Fernández, algunas veces en su propia casa (Melchor Miralles, del entonces *Diario 16* lo recordará perfectamente). Un hombre atractivo y culto y con ganas de encontrar la verdad. Y me recuerdo visitando aquel pequeño barranco, en compañía de otros colegas, en la carretera de Gérgal, donde el Ford Fiesta fue acribillado. Y cómo me llamó la atención cuando dijeron que se había incendiado y comprobé que no se incendió por la parte delantera, que hubiese sido lo normal porque entonces esos coches llevaban el motor delante. No, el incendio se inició, al parecer, a la altura del depósito de gasolina, que quedaba a la derecha del coche, justo la parte que, al circular por la carretera, en la dirección que decían que marchaba, daba al barranco en el que apareció el coche, lo que me hizo pensar que, realmente, el tirador debería de estar volando para dar en ese lugar si se hubiese producido como decía la Guardia Civil. Lo dije en una crónica y lo continúo pensando hoy. Entonces sentí una cierta angustia por lo que estaba pasando. Hoy, cuando lo rememoro, experimento la misma sensación[53]». Pity Alarcón fue la primera profesora de comunicación en la Universidad de Murcia. En marzo de 2023 fueron nombradas, junto a la rectora de la Universidad de Granada Pilar Aranda, y otras mujeres destacadas, «Granadinas por la Libertad».

Sobre la vista oral, Pity Alarcón precisa en conversación personal con este autor en mayo de 2019: «Son muchos los años transcurridos desde la celebración de aquel juicio que nos marcó profesionalmente, pero recuerdo al coronel Castillo Quero, al teniente Gómez Torres y al guardia civil Fernández Llamas. Absolutamente distintos entre sí. Castillo Quero, soberbio y displicente con el Tribunal convencido de que habían hecho lo que tenían que hacer. Al teniente lo recuerdo con una personalidad menos acusada incluso que la del guardia. Este último me pareció el único consciente de la gravedad de los hechos y de las consecuencias de los mismos. La Sala del juicio aparecía diariamente llena de guardias civiles de paisano, seguramente para evitar que en la Sala, que no era muy grande, hubiese otros espectadores. Por supuesto no decían que eran guardias civiles, pero se sabía por su actitud de grupo; por las miradas no muy amistosas hacia los periodistas. Sí, lo sabíamos. Yo no recuerdo al tribunal especialmente incisivo con los acusados. Preguntas de manual. Y la sensación de que el fiscal coincidía demasiado con los abogados defensores de los procesados. Un fiscal que, pese a todas las evidencias, se mantuvo en sus trece y no aceptó que los procesados hubiesen cometido asesinato, dejándolo en homicidio. El único que, en ese juicio, intentaba aclarar la ver-

---

53 Testimonio especial de la periodista Pity Alarcón para este trabajo, 1 de abril de 2019.

dad era el abogado acusador Darío Fernández que tuvo muchas trabas desde el principio». Sobre el fiscal y el tribunal, se produjo un editorial de *Diario 16* «Hubo una admirable labor profesional del fiscal y de la acusación particular, que han luchado eficazmente contra la defectuosa instrucción del sumario[54]». Es obvio que la mayor parte de la Guardia Civil asistió con repugnancia a la estrategia de mentiras montadas, fabricadas contra los tres inocentes y preocupados por la falta de medios técnicos y profesionales.

El diario regional *Ideal*, con la figura de Miguel Ángel Blanco, cubrió todas las sesiones del juicio. «Sus crónicas eran enviadas diariamente por el director del periódico Sáiz-Pardo Rubio al general jefe de la Guardia Civil en Madrid», tal como escribió Blanco en su artículo «Los tiempos de la redacción abierta de *Ideal* Almería», dentro del especial de «*Ideal*, cincuenta años con Almería», junio de 2023. José Acosta y Antonio Ramos Espejo, además de sus crónicas para *Diario de Granada*, cubrieron la actualidad de la vista oral para Antena 3 de Radio, emisora dirigida en Almería por Enrique Martínez Leyva. Recuerdo a otros colegas citados a lo largo de este trabajo. Pedro Conde Zabala (Kepa Conde Zabala) de las agencias Cóver y Lid. Algunos medios de ámbito nacional le firmaban las crónicas, aspecto diferencial en aquellos tiempos para los corresponsales de agencias. Kepa Conde trabajó para el inolvidable periodista mítico, Manu Leguineche (Arrazua, 1941-Madrid, 2014) que dirigió la Agencia Lid en 1990. Leguineche era un enamordo de Almería. Vinculado en sus vacaciones y en sus tiempos de enfermedad con Garrucha, autor de *El camino más corto*, *El precio del paraíso*, entre otras obras.

---

54 *Diario 16*, «Almería: Visto para sentencia», 27 de julio de 1982, editorial.

7

LA SENTENCIA

La Audiencia Provincial de Almería condenó el 28 de julio de 1982 a los tres procesados «por ser criminalmente responsables de tres delitos de homicidio», tras una sentencia de 74 folios. Los condenados fueron el teniente coronel Castillo Quero, al teniente ayudante Manuel Gómez Torres y al guardia Manuel Fernández Llamas a las penas de 24, 15 y 12 años respectivamente.

La sentencia número 121 del juicio oral y público de la causa nº 65 del año 1981, rollo número 165, seguida en el Juzgado de Instrucción número 3 de Almería, fue firmada el 30 de julio de 1982 por el secretario de la Audiencia Provincial de Almería, Cándido García Moreno. El tribunal estuvo presidido por José Rodríguez Jiménez (Albox, 1927-Murcia, 2020) y tuvo como magistrados a Emilio Navarro Esteban, Carlos Arboledas, Luis García Valdecasas y García y a Fernando Tapia López[55].

La sentencia del caso Almería mantiene una posición intermedia entre la del fiscal y la de las defensa, destacó el prestigioso cronista de tribunales Francisco Gor en su crónica de *El País*. No dejó contento a nadie, dejando heridas abiertas. El documento redactado por el tribunal deja muchos interrogantes sin aclarar. Cierra tajantemente asuntos que fueron ignorados por considerarse señuelos y tretas de los implicados para enmascarar la negligencia y el asesinato. Por ejemplo, la bolsa cuya búsqueda, según la versión de los procesados, motivó los rastreos con Juan Mañas de las playas próximas al Perdigal, Casas Fuertes y To-

---

55   Sentencia Núm. 121 de la Audiencia Provincial de Almería, 11 de septiembre de 1982, pp, ON5091044-ON5091077 (numeración correcta).

rregarcía son ignoradas por la sentencia, que se limita a decir que este servicio fue dispuesto por el teniente coronel con ocasión del desarrollo del interrogatorio a los detenidos. El relato de estos rastreos termina con esta frase: «De las comprobaciones practicadas en la causa no se desprende señal, vestigio ni dato alguno sobre una hipotética estancia de los detenidos o de cualquiera de ellos en los inmuebles relacionados».

Otro matiz que no coincide con la versión de los procesados es que el guardia, que acompañaba a los detenidos en el asiento delantero del Ford Fiesta, no fue agredido, sino que se arrojó del vehículo «ante el temor de que le agredieran al ver el automóvil sin conductor».

Darío Fernández presentó el recurso de casación ante el Tribunal Supremo el 4 de mayo de 1983, pidiendo calificación de asesinato y penas de 30 años de reclusión. Ningún recurso llegó a la calificación de asesinato.

Extractos fundamentales de la sentencia

«Los tres detenidos fueron conducidos hasta la primera planta de la edificación, donde están los servicios de Jefatura e Información. Allí, un guardia civil, cumpliendo órdenes del cabo 1º, cambió los grilletes a Luis Cobo Mier y lo esposó hacia adelante; mientras que, por otra parte, el sargento se procuró otras esposas y esposó por separado a Juan Mañas Morales y Luis Montero García, también con las manos hacia adelante. El teniente coronel primer jefe don Carlos Castillo Quero, –que ya antes de la llegada de los detenidos había dicho al cabo 1º citado que cuando vinieran debían de hacerles las preguntas que él le indicase– llamó a su despacho al sargento y al mismo cabo 1º y les mandó pusieran a los tres jóvenes detenidos en otras tantas dependencias separadas. En consecuencia, sobre las 22 horas, Luis Cobo Mier fue introducido en las dependencias del Grupo de Información y Captura encargándose de su custodia el guardia civil

2ª de Juan Mañas Morales en el despacho del teniente del Servicio de Información, bajo la custodia del guardia civil 2º; y Luis Montero García en las dependencias del Servicio Fiscal y Antidrogas, a cargo, primero del sargento señor Cañadas, después, al ser llamado de nuevo el sargento, como se explicará, otro sargento y unos 20 minutos después del también sargento. Transcurridos pocos minutos desde la colocación de los tres detenidos en los lugares referidos, el teniente llamó a su despacho al sargento y cabo 1º, y les ordenó llevar a efecto, como ejecutores de sus órdenes personales y directas, el interrogatorio de los detenidos, a los que no dispuso se les hiciera saber, de modo inmediato, ni en ningún otro momento, los particulares y derechos que previene art. 520 de la Ley de Enjuiciamiento Criminal, o la posible aplicación en su contra de la vigente legislación Antiterrorista, de forma, que en varias y sucesivas ocasiones, debían preguntarles exclusivamente sobre sus datos personales de identidad y otros relativos al viaje e itinerarios. El sargento interrogó a Luis Montero García y a Juan Mañas Morales y el cabo a los tres, aunque más veces a Luis Cobo Mier; cada uno de ellos hacía las preguntas que les iba indicando el Primer Jefe, por su lado y a solas, pues entretanto tenía lugar el interrogatorio, el encargado de la custodia se salía de la dependencia correspondiente trasladando a aquellos las respuestas, seguidamente, el teniente coronel, que, en su despacho, la recogía en unas cuartillas que no ha conservado y que por tanto no aparecen constatadas en la causa. El desarrollo y contenido no se documentó en atestado ni en acta de ninguna clase, por lo que no están acreditados los términos en los que se fue produciendo durante su transcurso antes de las 22 horas y 45 minutos, el teniente coronel ordenó al guardia civil que a la vista del DNI ocupado a nombre de Luis Montero García y del permiso de conducir el teniente coronel don Carlos Castillo Quero dispuso se efectuara un servicio de rastreo por las zonas de playa de Perdigal, Casas Fuertes y Torregarcía, trasladando para ello al detenido Juan Mañas Morales, cuyo servicio, en sus detalles, preparó el sargento Sr. Cañadas. En su cumplimiento sobre las cero horas del 10 de mayo salió de la Comandancia una caravana formada por un turismo Talbot oficial de la Guardia Civil con los distintivos del Cuerpo, conducido por el guardia civil 2º y ocupado también por el sargento, detrás un turismo Seat 127 conducido por el guardia civil 2º (también procesado en esta causa, nacido el 18 de marzo de 1945, sin antecedentes penales, de conducta profesional satisfactoria siempre para sus superiores), ocupado por el sargento, este delante junto al chófer y custodiando al mismo tiempo a Juan Mañas Morales, que seguía esposado, único usuario del habitáculo posterior del vehículo, en tercer y último lugar, el citado Ford Fiesta que se intervino a los detenidos, conducido por el guardia civil 2º en el que viajaba además el cabo 1º. A continuación, recorrieron tales zonas por el orden referido, se detuvieron en algunos puntos, las rastrearon e inspeccionaron sin llegar a bajar al detenido, no encontraron nada significativo. Cuando ya estaban en el último de esos parajes, el teniente coronel llamó por Radio-Teléfono al coche del sargento, diciéndole que lo llamara por teléfono ordinario desde otro sitio fuera del vehículo, por lo que Juan Mañas quedó en el Ford-Fiesta, al que fue trasladado custodiado por el cabo y el guardia, mientras que el sargento se marchaba momentáneamente en el turismo Seat 127, conducido por el guardia procesado, dirigiéndose hacia el aeropuerto, después de encontrar cerrada una gasolinera más próxima y de pasar por la barriada de El Alquián, donde no estimó adecuado llamar desde una cabina. Una vez en el aeropuesto, el sargento ante la imposibilidad de utilizar el teléfono de la Guardia Civil o de la Policía por no tener línea a aquellas horas, llamó a la Comandancia desde un teléfono de uso del aeropuerto que le ofreció y del que le facilitó las llaves del candado el guardia jurado Francisco Arresa Galán. El sargento, entonces, explicó a su jefe el resultado negativo del servicio y que lo estaba terminando, a lo que este le respondió que no se molestara ni perdiera más el tiempo y regresaran a la Comandancia, por haber recibido un radio en el que le comunicaban que el tercero de los individuos era Miguel Ángel Goyonochea Fradua. Acto seguido, terminada por parte del sargento su conversación telefónica con el teniente coronel, regresaron a la Comandancia. Una vez que el sargento dio la novedad a su primer jefe no consta que los interrogatorios siguieran con posterioridad. Durante el transcurso del proceso identificativo de los detenidos, el teniente coronel procesado no dispuso gestión alguna encaminada a verificar la autenticidad del DNI. De las comprobaciones practicadas en la causa no se desprende señal, vestigio ni dato alguno sobre una hipotética estancia de los tres detenidos o de cualquiera de ellos en los inmuebles relacionados. (La Dirección General de la Guardia Civil, Jefatura de Estado Mayor, sobre las 4 horas y 30 minutos del día 10, motivada por la presunción terrorista que mantenía adquirida a través de información recibida por diferentes conductos, ordenó por vía telefónica, sin dejar constancia escrita, al teniente coronel ahora procesado, -que también vino manteniendo frecuentes contactos con aquella-, el traslado de los detenidos a Madrid para que se hicieran cargo la Unidad de Servicios Especiales y prosiguiera la investigación de identidad personal, posible militancia y autoría de las conductas supuestamente terroristas, autorizándole, también, como solicitó, para pasar por Gérgal, Manzanares y Alcázar de San Juan, a fin de llevar a cabo diligencias dentro de la investigación que practicaba. En consecuencia, se procedió a realizar el traslado ordenado de la forma que dispuso el Jefe de la Comandancia, en una caravana que salió de sus dependencias algo después de las 5 horas, integrada por cuatro vehículos, el primero un Seat 127 conducido por el guardia civil, ocupado en el asiento delantero por el sargento y en el posterior por el también sargento, a continuación el Ford-Fiesta CR.-1625-D, conducido por el guardia civil 2º, acompañado en el asiento delantero por el guardia, ocupado en su parte posterior por los tres detenidos, esposados por separado y con las manos hacia adelante, seguidamente otro Seat 127 del Servicio de Información, como el primero, conducido por el guardia civil procesado, a su derecha, en el asiento delantero, el sargento, y atrás el cabo 1º y, en último lugar, el turismo Crysler AL.4984-E, conducido por el guardia civil, propietario del vehículo y conductor oficial de la Comandancia y ocupado en el asiento delantero por teniente coronel y en posterior por su teniente ayudante, todos de paisano y miembros del Servicio de Información, menos los dos últimos provistos de metralletas, excepto los conductores y el guardia que llevaban solo una pistola reglamentaria, dotados los dos Seat 127 de radio-teléfono y desprovistos de medio de comunicación los otros dos automóviles. Cuando entre las 5 horas y 45 minutos y las 6 horas aproximadamente, de noche, con viento y lloviznando, en la carretera C. 3.326, una vez pasado el punto kilométrico 8.350 sobrevino una incidencia en el interior del automóvil Ford Fiesta, en el que el guardia recibió un golpe en la zona posterior de la cabeza de parte de uno de los ocupantes del asiento trasero, no determinado, ante el que reaccionó por la inquietud que le causaba la supuesta peligrosidad de estos, abriendo la puerta lateral izquierda del turismo, arrojándose y quedando tendido sobre la calzada, sufriendo así, por el golpe, contusión y hematoma en la región occipital, y erosión contusa en la apófisis espinosa de la séptima vértebra dorsal y pequeña herida contusa en dorso de la articulación del pulgar derecho, distención ligamentosa del maléolo del tobillo izquierdo y pequeña herida contusa en el lado izquierdo de la frente, conducta en la que le siguió otro guardia ante el temor de que le agredieran y al ver el vehículo sin conductor. En estas circunstancias, mientras que el Ford Fiesta, que venía transitando a velocidad moderada de unos 40 a 45 kilómetros/hora aproximadamente y una marcha corta, después de extrañada inclinación en su dirección hacia la derecha, casi coincidente con la caída de quien lo conducía, continuaba circulando con el motor en marcha. Por su fuerza y la de su inercia, el Seat 127 que iba detrás se desvió hacia su izquierda en forzada maniobra para no atropellar y poder esquivar al conductor caído sobre la calzada, deteniéndose poco más adelante, al tiempo que el Crysler aceleraba y se paraba momentos después sobre el centro y parte izquierda de la vía, atendiendo su conductor instrucciones expresas del teniente coronel ahora procesado, el cual se bajó por la derecha y dando las voces de «Fuego, que se escapan» -por estimar que los detenidos se proponían ese fin, haciéndose con los mandos del vehículo o aprovechándose de la hora nocturna y características de la zona descampada y solitaria, temiendo también pudieran haber abierto los grilletes porque los que se utilizan en la actualidad no han ofrecido en otros casos garantías suficientes de seguridad- después de una rápida y corta carrera a pie, en la misma dirección de unos 7 metros, situado en la zona derecha de la calzada, a la izquierda y detrás del coche, comenzó a disparar hacia él con una metralleta o subfusil Z-62, secundándole al oír sus indicaciones el teniente ayudante que se bajó tras su jefe e hizo seguidamente una corta y rápida carrera a pie de unos 9 metros, quedando sobre la carretera, más a su derecha, prácticamente frontal a la parte trasera del vehículo, con un arma de iguales características después de detenerse ambos sobre sus pasos y moviéndose en su acción sobre sí mismos, y también el guardia civil procesado que después de apearse del coche que conducía venía hacia su compañero, pero que, al oír las voces del teniente coronel y los primeros disparos, hizo uso de su pistola marca Star, 9mm Pararabellum. Desde la zona izquierda de la carretera, frente al flanco izquierdo del vehículo, todos de modo rápido e instintivo, efectuando los dos primeros varias ráfagas cortas: el primero oblicuamente contra la totalidad del flanco izquierdo; el segundo contra la parte trasera; el tercero varios disparos, seis por lo menos. Frontalmente hacia el flanco izquierdo. De forma que, con esa acción, que en gran parte vino a ser coincidente y simultánea, desarrollada con la misma rapidez que se venían produciendo los hechos a distancia que después se precisará en lo posible, sin más luz que indirecta de los faros de los coches detenidos en posición de cruce, consiguieron bastantes impactos sobre el vehículo, que llevaba igualmente alumbrado con las localizaciones precisas a que se hará mención, alcanzaron también a sus ocupantes, los tres detenidos, con diversos disparos en regiones vitales, que motivaron su inmediato fallecimiento y causaron sensibles efectos sobre el automóvil y los cuerpos sin vida de las víctimas. Transcurridos de 15 a 20 minutos desde la iniciación del fuego, el teniente coronel y demás miembros del servicio volvieron a la Comandancia, manteniéndose en el lugar de autos sólo uno de los coches 127, así como el sargento y dos guardias, en misión de vigilancia y regulación del tráfico hasta que llegó más tarde un relevo del servicio COS. Una vez en la Comandancia, el teniente coronel dispuso que el cabo 1º, con el Equipo de Atestados a su mando, se trasladara al lugar del suceso para instruir diligencias y se diese cuenta a la Autoridad Judicial, comenzando la actuación sobre el terreno dicho equipo a las 9 horas y 30 minutos, y comunicándolo por vía telefónica, sobre la misma hora, al Juzgado de Guardia. El teniente coronel, la misma mañana, se retiró a su domicilio dándose de baja para el servicio por padecer cefalalgia-bascular-gastroenteritis. Los otros dos procesados prestaron declaración en el Atestado instruido, al igual que los demás miembros de la caravana, excepción hecha del primer jefe por la razón dicha». Acaban de leer, salvo los nombres de los guardias y oficiales que no fueron condenados, los datos que aparecen en la sentencia de la Audiencia Provincial de Almería.

La sentencia se convierte en definitiva

Al no haberse aceptado a trámite el recurso ante el Tribunal Constitucional, la sentencia se convirtió en definitiva y de obligado cumplimiento automático. La sentencia implicaba la separación del servicio y, en el caso de los dos oficiales, la baja definitiva en el Ejército. El fiscal general del Estado, Luis Antonio

Burón, inició los trámites en octubre de 1985, para que los tres guardias civiles condenados por el triple homicidio conocido como caso Almería sean puestos por el Ministerio de Defensa a disposición del Departamento de Justicia para que cumplan sus penas en cárceles ordinarias. Por su parte, el presidente del Consejo General del Poder Judicial (CGPJ), Federico Carlos Sainz de Robles, reconoció en el Senado el error de la Audiencia de Almería, que debería haber «apretado más al ministro de Defensa» para ejecutar la sentencia, según la crónica de Bonifacio de la Cuadra (Jaén, 1940 – Madrid, 2023) periodista, especializado en tribunales. «La iniciativa de Burón es la consecuencia del documento que el pasado 17 de octubre le remitió el Consejo General por las responsabilidades penales que pudieran deducirse del informe sobre las dificultades con que se había encontrado el tribunal para cumplir en sus propios términos la sentencia del caso Almería. Tras el estudio de estos antecedentes, la Fiscalía General del Estado, antes de ejercitar ningún tipo de acción penal, ha ordenado al fiscal de la Audiencia de Almería que presente un escrito a la Sala con el fin de que el tribunal sentenciador interese del Ministerio de Defensa la puesta a disposición del Departamento de Justicia de los tres penados en dicho asunto «para el cumplimiento de las penas privativas de libertad a que han sido condenados en un centro penitenciario ordinario». «Mediante esta orden», según la crónica de Bonifacio de la Cuadra, «el fiscal del Estado corrige al fiscal de Almería que, en julio de 1983, consideró requisito previo que los condenados fueran separados del servicio por el ministro de Defensa. Ahora, Burón opta porque sea Justicia, ministerio del que depende la Dirección General de Instituciones Penitenciarias, el que colabore en la ejecución de la sentencia, una vez que Defensa ponga a su disposición a los condenados, «sin perjuicio de que dicho Ministerio de Defensa», dice la fiscalía, «adopte las prevenciones oportunas para hacer efectiva la separación del servicio que, por ministerio de la ley, es consecuencia de aquellas penas».

El presidente del Consejo General del Poder Judicial reconoció que fue un error que la Audiencia se dirigiera a la Dirección General de la Guardia Civil, en lugar de hacerlo al ministro de Defensa. Fernández-Piñar contestó que, al margen de la negligencia imputable a Defensa, la Audiencia de Almería «tenía la obligación de ejecutar la sentencia y de pedir responsabilidades penales para quienes se hubieran opuesto a ello». Defensa y la Dirección de la Guardia Civil se responsabilizaron mutuamente del incumplimiento de las providencias de la Audiencia Provincial de Almería, en relación con la sentencia. El 27 de septiembre de 1985, la Audiencia Provincial de Almería remitió un documento al Consejo General de donde señalaba que, por providencia de 23 de julio de 1983, acordó «librar certificación de la sentencia», que se remitió al director de la Guardia Civil «para su conocimiento, efectos consiguientes y cumplimiento de las penas accesorias impuestas a los penados«, según la referida crónica. En esa providencia se pedía al director general de la Guardia Civil que comunicara a la Audiencia «la situación en que queden los penados». Hubo acuerdo en la separación de la Guardia Civil del teniente coronel Castillo y del teniente Gómez mediante una orden ministerial, mientras que existe una laguna legal en lo que se refiere al guardia Manuel Fernández Llamas[56]. El 5 de julio de 1984 solicitó el indulto, insistiendo Manuel Fernández en la eximente de obediencia debida[57]. Fernández solicitó el indulto por entender que era un simple guardia civil que actuaba a las órdenes de Castillo Quero. En el verano de 1984,

---

56 Aguilar, José, «Los exguardias civiles condenados por el caso Almería continúan aun en prisiones militares», *El País*, 20 de diciembre de 1983.

57 Torres, Antonio, «Condenado del caso Almería solicitó ayer el indulto. La petición del exguardia civil Fernández Llamas, que cumple doce años de reclusión en Alcalá de Henares, insiste en la eximente de obediencia debida. En dos ocasiones ha salido a la calle, una de ellas para asistir a una primera comunión», *La Voz de Almería*, 6 de julio de 1984, p, 3 y portada.

Manuel Fernández Llamas solicitó el indulto que en noviembre denegó la Audiencia Provincial de Almería.

Sobre los favores recibidos en acuartelamientos y posteriormente en cárceles ordinarias, el ministro almeriense José Barrionuevo afirmó en septiembre de 1984, tras un congreso provincial de su partido: «A nivel personal estoy a favor de que se cumplan todas las sentencias, pero el Ministerio del Interior no tiene competencias en asuntos judiciales o penitenciarios. Es falso que la Dirección General de la Guardia Civil haya remitido a Interior la resolución de la mencionada sentencia». Una burla de la ley, título del editorial de *El País* de 18 de octubre de 1985: «La solicitud de indulto de Carlos Castillo Quero -ex teniente coronel de la Guardia Civil sentenciado a 24 años de prisión como responsable del homicidio de tres desventurados jóvenes- ha despertado el recuerdo de la atroz matanza perpetrada en Almería en mayo de 1981, pero también ha puesto de relieve las anomalías -privilegiadas- condiciones en qué el condenado está cumpliendo su pena de privación de libertad. La petición del indulto tiene origen familiar, ha sido promovido por la esposa de Castillo Quero, su tramitación discurre por los cauces establecidos para ese tipo de solicitud. El indulto de un condenado puede ser pedido por los penados, por sus parientes o por cualquier otra persona en su nombre. Al ministro de Justicia le corresponde abrir el expediente para tramitar las solicitudes que le sean dirigidas «por conducto del tribunal sentenciador, el jefe del establecimiento o el gobernador de la provincia en el que el penado se halle cumpliendo la condena». «Según ha declarado el subsecretario de ese ministerio, es práctica habitual -de la que se beneficia ahora Castillo Quero- que todas las solicitudes presentadas pongan en marcha el expediente de indulto. La elevación al Consejo de Ministros de una eventual propuesta de gracia, no podría ser despachada solo con criterios formales. De acuerdo con la ley, son condiciones tácitas de todo indulto que su concesión, además de no causar perjuicio a terceras personas y de no lastimar sus derechos, se ajuste a las condiciones que 'la justicia, la equidad y la utilidad pública' aconsejen. La petición de gracia en favor de Castillo Quero descansa sobre 'los largos servicios prestados a la patria por el homicida'. A nuestro juicio, ni siquiera la extendida confusión entre nación, Estado y carreras profesionales o el obstinado empeño por considerar que los sentimientos patrióticos son patrimonio exclusivo de los hombres uniformados podrían esgrimirse en este supuesto», según el editorial de *El País*.

El análisis de la sentencia

El presidente de la Audiencia Provincial de Almería desde abril de 2021, Luis Miguel Columna Herrera (Almería, 1960), ha analizado en exclusiva para este trabajo la sentencia. Relevó en el cargo a Lourdes Molina Romero que fue la primera mujer en presidir la Audiencia Provincial de Almería durante el periodo 2009-2021.

«Es un privilegio», afirmó Columna, haber sido elegido para hacer unos breves comentarios sobre la causa nº 65/81, denominada coloquialmente por los medios de comunicación caso Almería. La causa fue investigada por el Juzgado de Instrucción nº 3 de Almería, celebrándose juicio oral en la sede de la Audiencia Provincial de Almería, en el mes de julio de 1982, y dictándose sentencia con fecha 30 de julio de dicho año, siendo ponente de la misma el Ilmo. Sr. Don José Rodríguez Jiménez, a la sazón presidente de la Audiencia Provincial de Almería, Ponente de la Sentencia, sin duda uno de los juristas más prestigiosos de la época, tanto en el ámbito provincial como nacional, y que fue posteriormente Presidente del Tribunal Superior de Justicia de Castilla-La Mancha. Cuando escribo estas líneas, me encuentro en mi despacho de la Presidencia de la Audiencia Provincial de Almería, el mismo que ocupó Don José cuando fue Presidente, y si abro la puerta lateral puedo observar parte de la Sala dónde se celebró el Juicio Oral. Se encuentra intacta, con el mismo mobiliario, e incluso con la misma campanilla que se utilizó en ese juicio. Para completar estas líneas, tengo el original de la sentencia que se dictó, en su correspondiente libro del año 1982, es en concreto la sentencia 121. Es reseñable, que al ser de aplicación el Código Penal de 1944, con su texto refundido de 1973, y existir una acusación por delito de asesinato, el Tribunal debió formarse por cinco Magistrados, por lo que acudieron a formar Sala los Magistrados de la Audiencia Provincial de Granada Don Luis García Valdecasas y Don Fernando Tapia. El Ministerio Fiscal estuvo representado por el Fiscal-Jefe de Almería, Don José María Contreras y por el joven fiscal Don Fernando Brea, que fue el encargado de acudir a todas las pruebas que se practicaron en el Juzgado Instructor. Los acusados eran tres, el jefe de la Comandancia de Almería, un teniente y un guardia civil, defendidos por los abogados almerienses Sres. Pérez Gómez, Pérez Dobón y Tara Hernández, y a la vez, la acusación particular en nombre de las familias de los fallecidos, era ejercida por el letrado almeriense Don Darío Fernández.

La gran discusión, como consta en la mencionada sentencia, radicaba en primer lugar determinar si nos encontrábamos ante un delito de asesinato, como mantenía la acusación particular, o era un delito de homicidio como calificaba el Ministerio Fiscal. La acusación particular entendía que en la muerte de sus tres defendidos había existido alevosía y premeditación, además de concurrir la agravante genérica de nocturnidad, por lo que pedía la pena de 30 años de prisión, pero no la pena de muerte, que también estaba prevista en el antiguo art. 406 CP, cuando señalaba que el asesinato se castigaría con pena de «reclusión mayor a muerte». Esta cuestión la resuelve el Tribunal en su primer considerando, al afirmar que los hechos son constitutivos de tres delitos de homicidio previstos y penados en el art. 407

CP, que castigaba al que matara otro con la pena de reclusión menor (de 12 a 20 años de prisión), basado en que el hecho se produce al disparar con armas de fuego al vehículo en el que se encontraban las víctimas, señalando que la acción se hizo de forma conjunta y coordinada por los tres acusados con «animus necandi» (intención de matar).

Para no aplicar la alevosía que solicitaba la acusación, se basa en las circunstancias en que ocurrieron los hechos, pues después de hacerse un profundo estudio de la aplicación histórica de esta circunstancia modificativa, determina que las armas utilizadas tenían como finalidad la vigilancia de los tres detenidos, por lo que no se puede apreciar aquella al no ser un hecho realizado «con traición» ni aprovechada esa situación de forma intencionada, es decir, no la aplica por no concurrir el elemento subjetivo de la misma. Sobre la no aplicación de la circunstancia de premeditación conocida, que también solicitaba la acusación, basa su no aplicación por no haberse acreditado a lo largo del juicio la actuación de los acusados se realizó «sin una persistencia temporal en la resolución de cometer el delito y además una frialdad de ánimo mientras se sostiene la decisión».

La segunda cuestión a debatir era la posible concurrencia de circunstancias modificativas de la responsabilidad criminal en los tres acusados. Y aquí si que se apreció por el Tribunal la eximente incompleta de actuar en el ejercicio del deber en el jefe de la Comandancia y la de obediencia debida a los otros dos procesados, lo que hizo que en el fallo de la sentencia se impusiese la pena inferior en un grado, que era prisión mayor (de 6 a 12 años de prisión), o en dos grados que era prisión menor (de 6 meses a 6 años de prisión), pero no lo hizo con la atenuante de arrepentimiento espontáneo que también se pedía, basado esencialmente en las primeras declaraciones que hicieron los acusados en el atestado inicial. En base a ello, se condenó al jefe de la Comandancia por tres delitos de homicidio a tres penas de

8 años y 1 día de prisión mayor por cada uno de ellos, al teniente a tres penas de cinco años de prisión y al guardia a tres penas de cuatro años de prisión. A cada una de las familias se les indemnizó con cuatro millones de pesetas. La sentencia fue recurrida en casación por ambas partes y la Sala Segunda del Tribunal Supremo la confirmó íntegramente con fecha 16 de mayo de 1983».

Editoriales tras la sentencia y reacciones del director de la Guardia Civil

Sobre la sentencia del caso Almería hubo editoriales de la mayoría de medios de ámbito nacional. Es bueno reiterar el trabajo de los periodistas locales en Almería y la figura destacada de José Emilio Pelayo, exsubdirector de *El Diario Montañés*, entre otros colegas cántabros, que no olvidaron el caso Almería. El actual redactor jefe de *Diario de Almería*, Iván Gómez, en su etapa de *La Voz de Almería*, se hizo eco de la presencia de los periodistas que mayor seguimiento hicimos, coordinados y presentados por la subdirectora del decano de la prensa provincial, Antonia Sánchez Villanueva, en la extinta *Localia TV*. Pedro Manuel de la Cruz: «La sentencia judicial es un monumento a la contradicción. Nunca he visto otra en la que se digan tantas mentiras. Fue una vergüenza para la democracia y para la Guardia Civil que nunca se ha atrevido a decir la verdad». Antonio Torres: «Todos los agentes de la Guardia Civil están libres y viviendo en Almería. Solo acusaron a tres, que fueron los que descargaron sus armas y son ellos los que quedaron impunes en hablar y dar la cara». José María Granados: «Ese día en el trayecto de Ciudad Jardín al periódico me encontré al jefe Información de la Policía (el añorado Enrique Ruiz al que recordamos con su inseparable Vespa) que ya sabía que había ocurrido algo terrible y al gobernador civil en varios bares, algo que no acabo de entender». Miguel Ángel Blanco: «La actuación judicial fue bochornosa. Los culpables ya sabían que no les iba a pasar nada y no temían a un juicio civil. 25 años después la Guardia Civil tiene formación y medios para contar la verdad del caso. Uno de los inspectores de Información de la Policía, Juan Aguilar, confesó desde el primer momento que aquellos no eran los etarras», recogió Blanco. «Quedan muchas dudas por despejar. El empeño de mantenerlos detenidos cuando ya todo estaba aclarado y si los jóvenes estaban muertos antes de que los subieran al coche. En Casas Fuertes fue tal la tortura, que se les quedaron en las manos[58]». «El tiempo ha pasado; la geografía se ha modificado; la autovía ha sepultado en la penumbra de aquella cruz en la carretera de Gérgal acompañada siempre de flores. Pero lo que no ha sucumbido al tiempo ha sido el recuerdo», destacó Miguel Ángel Blanco. Curiosamente, 25 Aniversario del caso Almería coincidió con el homenaje de la Facultad de Comunicación de la Universidad de Sevilla, la Hispalense, al profesor de Periodismo Antonio Ramos Espejo, por su Medalla de Oro de Andalucía[59].

El mejor editorial fueron los libros esclarecedores de Antonio Ramos Espejo (Alhama de Granada, 1943-Sevilla, 2023), uno de los mejores periodistas de la historia de Andalucía, honesto y comprometido con su tierra. Tuve el privilegio de presentarle, en Almería, *Crónica de Gerald Brenan. Desde la Alpujarra a Málaga*, junto a la exconsejera de Educación de la Junta de Andalucía, Cándida Martínez López. Además, fui uno de los coordinadores de la *Enciclopedia General de Andalucía* y de *Crónica de un sueño. Memoria de la Transición democrática en Almería*, editados por Juan de Dios Mellado, quien donó su colección completa de la revista *Cambio 16* a la Facultad de Ciencias de la Comunicación de Málaga en abril de 2023. Muchos fuimos los

---

58 Téllez, Juan José, «Algún día es posible que estalle la conciencia de algunos testigos. El periodista Antonio Ramos mantiene la tesis de que uno de los tres murió en el interrogatorio», *El Correo de Andalucía,* 14 de mayo de 2006, pp, 8-9.

59 Luque, Rosa, «Una lección viva del mejor periodismo», *Diario Córdoba*, 20 de mayo de 2006, p, 34.

que nos beneficiamos de su enseñanza, del maestro Ramos al que se le programó para noviembre de 2025 un homenaje póstumo en Granada por parte del director del diario *Ideal* Francisco Chirino Núñez, autor de *Antonio Ramos, un reportero con pasaporte andaluz.* Habrá aportaciones de varios colegas, entre otros, tan familiares como el citado Mellado, Manuel Gómez Cardeña, Rafael Guerrero, José Luis Masegosa y de Francisco Romacho, productor y antiguo responsable de Media Sur en Andalucía que le encargó la dirección al añorado Ramos Espejo de varias series de perfil documental como *Andalucía es su nombre* que ha sido uno de los programas de más éxito de la televisión autonómica.

Algunos escribimos con dolor y emoción su obituario. Hemos querido dejar la impronta de un grande como Antonio Ramos, sin aires de grandeza, pero ninguno tan especial como la periodista y autora de varios libros, Olivia Carballar, alumna de Ramos, el maestro que le cambió la vida y amiga de este periodista con el que emprendimos la publicación de varios libros y tareas relacionadas con las pioneras del periodismo en Andalucía: «Con Antonio Ramos Espejo, los alumnos no escribíamos para coger apuntes. Escribíamos para contar una noticia, para denunciar una injusticia en un reportaje, para narrar una vida a través de una entrevista… Para eso escribíamos, para aprender a ser periodistas, no para aprender a ser pensadores. «Me sentí útil y plenamente realizado, como un redactor jefe, encargando o haciendo directamente con los alumnos páginas como si fueran a editarse en un periódico. No se trataba de aprobar o suspender, sino de enseñar, formar, para que cuando estos alumnos llegaran a una redacción estuvieran a la altura de las circunstancias».

En todos los editoriales, especialmente los de *El País, Diario 16, El Periódico* y *La Vanguardia*, se reflejaba la insatisfacción del tenaz acusador particular Darío Fernández y de buena parte de la sociedad al quedar la sentencia en una calificación de homicidio y no asesinato como solicitó el referido abogado. ¿Cuál debería haber sido entonces el comportamiento del teniente coronel ante la situación creada?, se preguntaba en el último párrafo el editorial de *Diario 16*: Podría preguntarse desde el interior de la Benemérita. La sentencia marca una pauta clarísima al respecto cuando establece que «en lugar de limitarse a disponer de disparos de advertencia en menor número y contra partes del vehículo que entrañaban un nulo o menor riesgo para la integridad física de sus ocupantes. Efectuó disparos con intención exteriorizada de matar». Por difícil que a veces resulte, este autocontrol en el uso de la fuerza, esta gradación en la respuesta que reclama la sentencia, es lo que distingue a las Fuerzas del Orden Público de un país civilizado y democrático de los brutales Cuerpos represores que sirven a las tiranías. La condena no va, pues, solamente contra un individuo de comportamiento ilegal e inaceptable, sino también contra un modelo de conducta profesional, al que afortunadamente son ajenos la mayoría de nuestros agentes del orden. Con vistas a poderle dar a esta afirmación un tono aún más rotundo y categórico, bueno sería, por cierto, que los máximos responsables de la Guardia Civil reflexionaran sobre el inquietante hecho, recogido en la sentencia como atenuante, de que el reglamento del Cuerpo «autorizaba a responder con la violencia en abstracto[15]».

El director general de la Guardia Civil, Aramburu Topete, afirmó que la sentencia le había parecido «dura» y recibió críticas en el ámbito político y periodístico nacional. Pedro M. de la Cruz en un artículo de opinión, publicado en *La Crónica* de 9 de agosto de 1982, subrayó: «Una sentencia no es dura ni blanda. Es, sencillamente, justa o injusta. Aramburu no ha hecho nada más que acatar la Constitución que él defendió con honor y gallardía la triste noche del 23-F». Pérez Gómez durante toda la parte de su informe final mantuvo que en la actuación de los procesados no había existido intención de matar. Los abogados defensores centraron su táctica de defensa «en un ataque ilógico e improcedente a los tres jóvenes acribillados a balazos. Paz a las almas a estas alturas llegó a pedir la acusación». «Y todo para que únicamente quedara perfectamente demostrada la inexistencia de ningún antecedente en Cobo, Montero y Mañas y la no militancia de éstos en ninguna organización terrorista. En el colmo de la obsesión llegaron a poner en duda que Luis Cobo fuera uno de los tres muertos». Darío Fernández: «No he tenido nada en contra de la Guardia Civil y en el caso Almería se juzgaron a tres homicidas con nombre y apellido», según distintas crónicas.

El ministro de Defensa, Narcís Serra, tenía conocimiento de la anómala ejecución de la sentencia[60]. «Los tiempos de los recursos pasaron: 1983 Supremo y después el Tribunal Constitucional, que rechazaba la apelación. Desde entonces ha transcurrido tiempo, y el caso Almería ha mantenido el pulso oscuro de prisión militar-prisión civil. Las especulaciones apuntaban al hecho de un propósito del sistema de no situar en prisión ordinaria a tres guardias civiles, por la cuestión del agravio comparativo o por el precedente que supone; quizás razones de Estado[61]».

A prisión

Los condenados por el triple homicidio fueron trasladados el 27 de octubre de 1985 desde la prisión militar del Castillo de Santa Catalina, en Cádiz, donde cumplieron parte de sus respectivas penas, a la prisión de Guadalajara. Fueron destinados a un departamento separado del resto de reclusos, tal como era la intención de Instituciones Penitenciarias, que pretendía mantener aislados físicamente a los tres homicidas. Por su parte, el ex nú-

---

60 Miralles, Melchor, «Malestar en la Guardia Civil por el traslado de los tres condenados por el caso Almería», *Diario 16*, 27 de octubre de 1985, p, 4.

61 Blanco, Miguel Ángel, «Caso Almería, ¿caso cerrado?, *Ideal*, 18 de octubre de 1985, p, 15.

mero Manuel Fernández Llamas, condenado a 12 años, fue trasladado a la misma prisión desde la Academia de Guardias Jóvenes de Valdemoro (Madrid). Fernández Llamas pasó menos de
un año en prisión ordinaria y se benefició por buena conducta.

En Valdemoro, según las declaraciones que recogí el 10 de
septiembre de 1985, del coronel y director del Colegio de Guardias Jóvenes, para Radiocadena Española, Fernández Llamas estuvo recluido «como un preso más en una habitación del cuartel
de Valdemoro». «El cumplimiento de ejecución de la pena corresponde a las autoridades penitenciarias competentes»[62], aseguró sobre la prisión de Llamas el entonces presidente de la Audiencia Provincial de Almería Andrés Martínez de Salas y Ca-
yuela. Los tres han sido destinados a un departamento especial
de la prisión de Guadalajara donde convivirán juntos, en celdas
individuales y separados del resto de los reclusos. La población
penitenciaria de la prisión de Guadalajara se cifra en un centenar de personas. Fuentes del Ministerio de Justicia indicaron
que un centro de este tipo reúne las condiciones necesarias para
mantener reclusos separados. En medios penitenciarios se vino
barajando el penal de El Puerto de Santa María II como destino final de los tres ex guardias civiles. Sin embargo, fuentes del
Ministerio de Justicia descartaban esta prisión por su especial
«dureza». El traslado de los tres implicados fue ordenado por la
Dirección General de la Guardia Civil. Las reacciones entre los
familiares de las víctimas del *caso Almería* y del abogado de la
acusación particular fue de satisfacción al conocer la ejecución
de la sentencia. «Yo veo muy bien que pasen a cárceles ordinarias y que sufran el crimen que cometieron», dijo María Mañas.
«No obstante», agregó, «el tiempo lo cambia todo y ahora, a los
casi cinco años de los hechos, no pronunciaría la frase de que
los dejen sueltos y que los familiares se encargarían de ellos». La

---

62 Martínez, José, «Llamas se encuentra recluido como un preso más en una
habitación del cuartel», *La Voz de Almería*, 11 de septiembre de 1985, p, 5.

madre del joven fallecido, que sigue vistiendo de luto, coincidió, junto con su hijo Antonio, en afirmar que «el motivo para cumplir la sentencia tras tanta vuelta se debe a la Prensa, al abogado y al senador comunista Rafael Fernández Piñar, y también a la esposa de Castillo Quero, que ha movido el asunto para bien suyo». Por su parte, Juan José Pérez Gómez, defensor de Castillo Quero, se mostró respetuoso con el cumplimiento de la sentencia, «porque la ley es la ley, pero a la sociedad le da igual que estén en prisiones ordinarias o en militares». Juan José Pérez Gómez, que ha ejercido la abogacía en Almería durante los últimos 45 años, declaró que desde la vista oral no ha hablado con Carlos Castillo Quero, «pero debe de estar hundido», dijo. «No es justo que tenga que convivir con delincuentes a los que ha reprimido en su etapa de servicio»[63]. Darío Fernández denunció irregularidades del Ministerio de Defensa y la madre de Mañas reiteró su satisfacción por el pase a cárceles ordinarias[64], declaraciones que recogí para. «En torno a la Prisión de Guadalajara, los condenados han sido alojados en unas dependencias que estaban destinadas para reclusión de mujeres, y aislados del resto de los presos comunes».

La Guardia Civil releva a los abogados de la defensa

La Dirección General de la Guardia Civil decidió que los tres abogados que defendieron a los beneméritos condenados en el juicio no continuaran al frente de la defensa desde el 29 de septiembre, cuando fueron presentados los recursos ante el Tribunal Supremo, en cuya elaboración ya no participaron Pérez Gómez, Pérez Dobón y Tara Hernández, «tres abogados que no

---

63   Echevarria, Juan José y Torres, Antonio, «Los tres condenados por el caso Almería, trasladados a la prisión de Guadalajara», *El País*, 28 de octubre de 1985, p, 19.

64   Torres, Antonio, «Veo muy bien que pasen a cárceles civiles, dice la madre de Mañas», *Diario de Granada*, 27 de octubre de 1985.

gustaron a nadie», según la información de Melchor Miralles para *Diario 16*. Se hizo cargo un equipo que tuvo como coordinador y nuevo abogado a Carlos Iglesias Selgas.

Una de las características de los procesos judiciales fue su prolongación en el tiempo con los distintos recursos. «Hubo intento de encubrimiento, primero, y protección posterior a los guardias civiles que mataron a los tres jóvenes del caso Almería»[65].

El fiscal general del Estado, Luis Antonio Burón, inició los trámites para que los tres guardias civiles condenados cumplieran sus penas desde octubre de 1983. El presidente del Consejo General del Poder Judicial, Federico Carlos Sainz de Robles, reconoció en el Senado el error de la Audiencia de Almería, que debería haber «apretado más al ministro de Defensa»[66] para ejecutar la sentencia. La sentencia indicó que los procesados debían ingresar en prisiones ordinarias. Un editorial de *El País* titulado *Nota oficial de prensa* denunció la tardía separación real del servicio de la Guardia Civil de los tres condenados y el desconocimiento del Ministerio de Defensa sobre cómo estuvieron cobrando dinero oficial. «La explicación según la cual el ministerio solo hace escasos días había tenido conocimiento oficial de que la Audiencia de Almería había aplicado a los tres encartados penas que implicaba automáticamente su separación del servicio (de acuerdo con el artículo 211 del Código de Justicia Militar, promulgado en las horas altas del franquismo) no es solo una tomadura de pelo a la opinión pública. Constituye una ofensa para los familiares de las víctimas y una coartada que ha impedido hasta ahora que los culpables del triple y repugnante ho-

---

65 Ballester, David, *Las otras víctimas. La violencia policial durante la Transición (1975-1982)*, Prensas de la Universidad, Zaragoza, 2022, p, 239.

66 De la Cuadra, Bonifacio, «Burón pide que Defensa entregue a Justicia los tres guardias civiles condenados por el caso Almería», *El País*, 23 de octubre de 1985, p, 15.

micidio ingresaran, como le correspondía por ley, en prisiones ordinarias. Pero no se aclara, sin embargo, la razón por la que esa separación del servicio se produce más de dos años después de que la sentencia condenatoria y firme de los tres miembros de la Guardia Civil». Ni siquiera cabe esgrimir que las autoridades han rectificado su anterior negligencia al darse cuenta por sí mismas de sus errores, denunció otro párrafo del editorial. «Sin la osada petición del indulto en favor de Castillo Quero, nada menos que por servicios a la patria, sin las interpelaciones parlamentarias del senador Fernández-Piñar y del diputado Pérez Royo, y sin las informaciones sobre el asunto aparecidas en la Prensa, los homicidas habrían permanecido indefinidamente en prisiones militares. Sobre este asunto, al margen de los citados, escribieron periodistas de la talla de Anabel Díez, Juan González Ibáñez, Agustín Martínez (compaginó la corresponsalía de *Diario 16* con la redacción de Radio Granada). Fernando Garea que dirigió EFE hizo prácticas en *La Voz de Almería* y tituló el 1 de diciembre de 1985: «La oposición de centro-derecha en Almería actúa como si los partidos fueran cortijos». Evidentemente que ha habido otros periodistas de toda España que han informado de distintos aspectos del caso Almería como los almerienses José Ángel Pérez desde la extinta Radiocadena, RNE o *La Voz de Almería*, así como otros paisanos como Antonia Sánchez Villanueva, Manuel Verdegay Flores y Federico Utrera, entre otros. Hay que subrayar el nombre de Luis Díez, leonés, autor de *El exilio periodístico español. México, de 1939 al fin de la esperanza*, con el que recuerdo un artículo que firmamos de forma conjunta, el 1 de julio de 1984, en el decano de la prensa provincial, «Las palabras de Sáenz de Santamaría son dignas de estudio psicológico». No quiero pasar por alto la figura del entrañable redactor jefe de *El País* Sebastián García Casado, natural de Lupión (Jaén) y la labor del granadino Pepe Olmedo desde Radio Popular.

8

EL MINISTRO ROSÓN Y LOS
FONDOS RESERVADOS

La expresión «trágico error» fue pronunciada en Granada por primera vez por el ministro UCD Juan José Rosón (Becerreá, Lugo, 1932-Madrid, 1986) a pregunta del periodista de *Ideal* Manuel Gómez Cardeña. Expresión que repitió después en el Congreso de los Diputados.

La primera comparecencia del ministro del Interior Juan José Rosón se produjo en Granada, el sábado 16 de mayo, seis días después del inicio del caso Almería. A Gómez Cardeña, le respondió: «Como ustedes ya saben, hay abiertas en estos momentos unas diligencias judiciales, y el propio día de suceso, la Dirección General de la Guardia Civil ordenó la incoación de un expediente gubernativo para analizar lo que fue el conjunto de la acción de la Guardia Civil. Además, como ustedes saben, debo comparecer ante las Cámaras y, lógica y legítimamente, debo reservar para ellas el contenido de esa información».

En la segunda pregunta, Cardeña fue al fondo de la cuestión y la respuesta de Rosón, quien también fue director general de RTVE, fue tajante: «Hay que descartar totalmente la existencia de malos tratos por el caso de los tres muertos de Almería, según la información de que dispongo». El socialista Carlos Sanjuán dijo en la Comisión de Interior del Congreso que el honor de la Guardia Civil quedaba únicamente en manos del poder judicial, ante la versión «indigna y tergiversadora» dada por el ministro Rosón.

En definitiva, las declaraciones de Rosón quedaron recogidas por el grupo de investigación *Desmemoriados.org* con el que este autor colaboró, y *El Diario Montañés*. En la comparecencia que posteriormente realizó el ministro del Interior, ante el Congreso de los Diputados, manifestó que tras la detención, y según informes de la Guardia Civil, los detenidos entraron en contradicción. También informó de que en el reconocimiento del automóvil en el que viajaban los detenidos se han encontrado dos pistolas marca Astra». Al ministro lo engañaron desde el primer momento porque se demostró que lo de las pistolas fue un montaje.

El apoyo de los medios nacional*es*, radio y televisión, semanarios y los editoriales fueron clave, como el de *Diario 16* titulado «Almería», pidiendo explicaciones al ministro del Interior Juan José Rosón: «Mentirá deliberada y canallesca quien afirme que a partir del suceso se trata de denigrar a la Guardia Civil. Somos conscientes de sus sacrificios en la lucha contra ETA, una lucha que también es la de todos nosotros, y estamos dispuestos a argumentar en su defensa, cada vez que se reclamen, más medios, comprensión y apoyo moral para el cumplimiento de su misión. No es posible, sin embargo, disculpar todas las conductas individuales en función del respeto que merece la institución a la que representan. El mayor servicio que, de hecho, puede prestarse a la Guardia Civil es iluminar, hasta el último rincón actualmente en sombra, con la luz de la verdad y la justicia[67]».

Los propietarios de la empresa Viajes Dian, de Manzanares, en Ciudad Real, quienes alquilaron el Ford Fiesta a los tres jóvenes muertos en Almería por la Guardia Civil, declararon y rechazaron las palabras pronunciadas por el ministro del Interior, Juan José Rosón, ante el Congreso el 21 de mayo de 1981,

---

67 *Diario 16,* «Almería», 21 de mayo de 1981, editorial. Y titular de portada: «El ministro del Interior informará hoy al Parlamento sobre la muerte de los tres jóvenes en Almería».

en respuestas al Grupo Socialista: «Nosotros no denunciamos a los tres jóvenes. Al día siguiente de alquilarlo se presentó aquí la Guardia Civil preguntándonos sobre ellos, pero nosotros no denunciamos nada[68]».

El ministro Rosón estuvo en Almería ese trágico año. Fue el 12 de diciembre de 1981, cuando acudió a la inauguración oficial de la actual comisaría almeriense, en la Avenida del Mediterráneo. La antigua quedaba en desuso, en pleno centro, en los sótanos de la actual subdelegación del Gobierno.

Pilar Urbano (Valencia, 1940), autora de *La gran desmemoria. Lo que Suárez olvidó y el Rey prefiere no recordar*, escribió en *ABC*: «Perplejidad, porque una mañana en el Congreso de los Diputados se demandó información al Gobierno sobre las extrañas muertes de tres jóvenes el ministro Rosón compareció ante la Comisión leyendo un informe privativo, redactado por las autoridades pertinentes de la Guardia Civil, que no satisfizo ni al Congreso, ni al ministro que lo leía. Pasado cierto tiempo y el rastrillo de la Justicia, los procesamientos de militares de la Guardia Civil como presuntos autores de asesinato, no solo desmentía de la cruz a la raya aquel apresurado informe oficial, sino que dejaba al ministro Rosón, y al Gobierno de rechazo, en la desairada situación de ingenuidad burlada. Y al Congreso de los Diputados en la humillante evidencia de haber sido, y no por primera vez, la cámara escuchadora de los embustes improvisados. Quienes redactaron ese informe privativo acaso pretendían salvar el honor de sus propios hombres…, pero, de hecho, menospreciaron con desfachatez, y tampoco por vez primera, la eminencia de dos instituciones democráticas: Gobierno y Parlamento[69]».

---

68 M, M y Torrontegui, Javier, «Los dueños de la empresa de alquiler de coches desmienten a Rosón: Nosotros no denunciamos a los tres jóvenes», *Diario 16*, 22 de mayo de 1981, p, 5.

69 Urbano, Pilar, «España está sub iúdice», *ABC*, 28 de mayo de 1981, p, 10.

Emilio Contreras (Almería, 1950) fue director de gabinete del ministro Rosón. Contreras, orador en el acto de Los Mártires de la Libertad en la Feria de Almería de 2015, desarrolló *la mayor parte de su carrera profesional en las tertulias de* Cadena SER *y en ABC.* Durante el Gobierno de la UCD, Contreras fue nombrado gobernador civil en Ávila y Santander.

Fondos reservados para los condenados

El uso de los fondos reservados para pagar sobresueldos en el Ministerio del Interior fue asumido por los socialistas cuando llegaron al poder en 1982. El último responsable centrista de ese departamento, el fallecido Juan José Rosón, entregó a sus sucesores una relación escrita de las personas que recibían ese tipo de gratificaciones, según una persona que tuvo acceso a esa comunicación. Ese listado mostraba, según la misma fuente, que incluso el guardia municipal que detenía el tráfico en la calle para que entraran al ministerio los coches oficiales cobraba gratificaciones con cargo a los fondos reservados. El senador comunista, Rafael Fernández-Piñar, abogado laboralista, pidió la dimisión del ministro socialista de Defensa Narcís Serra en 1985, año en el que el nuevo abogado de los guardias civiles, Carlos Iglesias Selgas (Murcia, 1920-Madrid, 2005), recurrió contra la orden de expulsión del Cuerpo de los condenados al tiempo que el abogado acusador Darío Fernández denunció que «estamos en el umbral de un Watergate español, refiriéndose a las declaraciones de Serra sobre su desconocimiento de las anomalías e irregularidades producidas en la ejecución de la sentencia[70]». El régimen abierto y el trato de favor fue una constante denunciado por el abogado acusador, Darío Fernández, en nombre de las

---

70 Rodríguez, Juan María, «Darío Fernádez: Estamos en el umbral de un Watergate español», *Diario 16*, 29 de octubre de 1985.

familias[71]. Castillo Quero disfrutó en la cárcel de Guadalajara de un permiso de una semana[72].

El general Sáenz de Santamaría declaró el 12 de noviembre de 2001 ante el tribunal que juzgó el uso fraudulento de los fondos reservados que, al hacerse cargo de la Dirección General de la Guardia Civil, se encontró con una partida de 106 millones de pesetas para ayudar a las familias de los tres condenados por el caso Almería. «Las cloacas del Estado están llenas de podredumbre, antes de la transición, en la transición y después de la transición» con personajes corruptos como Luis Roldán. «En el fondo se puso de manifiesto un acuerdo tácito de mantener las bocas selladas».

El diputado del PCE, Horacio Fernández Inguanzo, presentó una pregunta en el Congreso de los Diputados en la que pide al Gobierno que explique si piensa exigir responsabilidades a los miembros del Ejecutivo causantes del retraso en la aplicación de la normativa vigente en el cumplimiento de la sentencia. El teniente coronel Carlos Castillo Quero, que cumplió 11 años de condena en prisión, fue el que más dinero recibió. Según un cargo de Interior en aquella época, los otros dos agentes condenados y expulsados de la Guardia Civil, Manuel Gómez Torres y Manuel Fernández Llamas, también ingresaron ayudas procedentes de los fondos reservados. Son referentes los artículos de Juan González Ibáñez bajo el título «Los guardias del caso Almería cobraron fondos reservados tras su expulsión».

En octubre de 1987, fondos reservados sirvieron para crear y financiar la Comisión Nacional de la Policía Judicial, un organismo con el que se pretendía aumentar la dependencia funcio-

---

71 Mercado, Francisco y Delgado, Jesús, «La acusación del caso Almería ve trato de favor en el régimen penitenciario de Castillo Quero», *El País*, 30 de marzo de 1989.

72 De la Cuadra, Bonifacio, «Castillo Quero, condenado por el caso Almería, disfruta un permiso de una semana», *El País*, 8 de mayo de 1986.

nal de la policía respecto a los jueces. La comisión se constituyó en el Tribunal Supremo, bajo la dirección del entonces presidente del alto tribunal, Antonio Hernández Gil, y la integraron además el vicepresidente del Consejo General del Poder Judicial, Manuel Peris; el magistrado Carlos Granados, designado por el CGPJ; el fiscal general del Estado, Javier Moscoso, y los ministros del Interior y de Justicia, José Barrionuevo y Fernando Ledesma, respectivamente.

«El patrón de Oria me salvó del caso Almería»

El general Rogelio Martínez Masegosa (Oria, 1949) tiene claves, pero no se atreve a revelarlas, como ninguno de los guardias civiles consultados que estuvieron presentes en la detención y muerte de los tres jóvenes. Tras el incidente, coincidieron Masegosa, Darío y el juez Tortosa en las localidades cántabras de Ciriego y Muriedas para asistir a las autopsias de Cobos y Montero. Martínez Masegosa, quien también dirigió la jefatura de la Agrupación de Tráfico, entre otras altas responsabilidades, se vio exonerado de estar inmiscuido de pleno en el suceso, gracias a una casuística especial: las fiestas de su pueblo le salvaron de estar en el momento inicial del caso Almería, dado que era el segundo de Castillo Quero en la Comandancia de Almería. No hubo manera de arrancarle una frase sobre lo sucedido. Con cierta ironía confesó: «San Gregorio me salvó ese fin de semana y es un asunto del que no puedo aportaros nada», nos confesó a su primo el periodista José Luis Masegosa y a este autor, que tuvo el privilegio de ser pregonero de las Fiestas de Oria en honor a San Gregorio. Cuenta con una carrera importante. Llegó a general de división y en la actualidad disfruta de su jubilación a caballo entre Madrid y Almería. Huye de los periodistas cuando se le pregunta por el papel de sus antiguos compañeros. Lo hemos intentado de todas las maneras. Siempre amable, confiamos arrancarle sus memorias. Daría muchas claves. Según la información de la periodista de *El País* Patricia Ortega Dolz: «En la

Guardia Civil rigen unos códigos que la han llevado a ser la institución más valorada por los españoles», recuerda un destacado jefe del cuerpo. «Y quizás ahí encontremos el porqué de los 176 años con el mismo nombre y estructura, apunta un general».

Andrés Cassinello, maestro de espías

El teniente general Andrés Cassinello Pérez (Almería, 1927-Madrid, 2024) fue maestro de espías, precursor de los servicios de inteligencia, figura clave en la legalización del PCE y en definitiva un servidor público qu sirvió a la dictadura y a la democracia. Conoció claves del caso Almería. Roberto Muñoz Bolaños de la Universidad Francisco de Vitoria utiliza documentación de diferentes archivos, testimonios orales como el del teniente general Andrés Cassinello Pérez, así como las noticias de prensa. «La conclusión que se ha obtenido es que no se trató de un caso de terrorismo de Estado, sino una acción vindicativa e incontrolada vinculada con el atentado de ETA contra el teniente general Joaquín de Valenzuela». «Lo principal se sabe ya, y lo que no, no sé si es bueno que se sepa», afirmó en una amplia y detallada entrevista realizada por Natalia Junquera en mayo de 2018 al teniente general Andrés Cassinello, el hombre que dirigía los servicios secretos durante la Transición y el Servicio de Información de la Guardia Civil durante el 23-F. «¿Cuándo supo que había llegado el momento de despedir a la dictadura?», le preguntó Junquera. «Para mí fue una experiencia lenta y creciente. No era tan tonto como para pensar que el régimen era perdurable. Deseábamos un sistema homologable a los que veíamos en Europa. El franquismo se fue diluyendo, quizá no en las palabras, pero sí en los hechos, y la vida nos fue enseñando que podíamos hablar con el otro, que no era tan fiera, ni tenía tanto peligro. Corríamos unos riesgos medidos. Todos los que participaron en aquella maniobra eran conscientes de su propia debilidad y sobrevaloraban la fuerza del adversario. Los partidos tenían una enorme necesidad de militantes y nosotros enviábamos *topos*. Hay una anécdota muy graciosa en el congreso de un partido liberal. Enviamos a un guardia civil y le dijimos: Hazte notar. ¡Lo hizo tan bien que le querían nombrar secretario general!».

Cassinello, hijo de José Cassinello Barroeta, asesinado en 1938, fue alumno de la célebre profesora Celia Viñas. Su maestro y amigo, el teniente general Sáenz de Santa María, figura clave contra el golpe del 23-F y en la desarticulación de comandos de ETA, afirmó: «Este Cassinello es un genio». «Cuando Andrés aprendió inglés, lo enviaron a estudiar a Alemania y a Estados Unidos. Eso le abrió las puertas del mundo», rememoró José Antonio Martínez Soler tras presentarle un libro de memorias el 6 de octubre de 2022 en Madrid. En noviembre de 1978, Cassinello detuvo personalmente al teniente coronel Tejero e impidió que llevara a cabo el golpe de la operación Galaxia contra el gobierno de Suárez. También avisó al CNI de que Tejero tramaba algo poco antes del golpe del 23-F. No le hicieron mucho caso. La noche del frustrado golpe de Estado la pasó al teléfono con todas las capitanías generales. La de Miláns del Bosch, con los tanques por las calles de Valencia, fue la única que no respondía a sus llamadas. Entonces, a través del telefonista, envió este mensaje claro y cuartelero: «Dígale al coronel Quintiliano que, si no me llama, mañana me presentaré en Valencia y le cortaré los huevos». Solo así aquel presunto golpista respondió a su llamada, según el testimonio recogido por Martínez Soler, autor, junto a su hijo Erik, de *Franco para jóvenes*.

Castillo Quero

Carlos Castillo Quero (Baños de la Encina, Jaén, 1933-Córdoba, 1994) fue uno de los cofundadores de la Agrupación de Tráfico de la Guardia Civil y trabajó durante cinco años con los niños del colegio de huérfanos de Valdemoro. El caso Almería le marcó para siempre. Padre de tres hijos, casado con una cordobesa, concedió desde la prisión de Córdoba una entrevista en exclusiva a Melchor Miralles: «Quien identificó a los jóvenes como terroristas fue el pueblo español». También declara: «Jamás en la vida, precisamente por mis principios morales y misericordiosos, nunca le he puesto la mano encima a nadie, ni siquiera a mis hijos. Mi conciencia no me lo permitiría jamás. De la técnica de los abogados defensores no sé nada, no puedo opinar. Yo no los conocía de nada. Repito que el primero que pensé fue en don Darío, pero no lo encontré, y después, buscando un criminalista me dijeron: Mira, aquí hay otros abogados aparte de don Dario Fernández, y entonces les llamé y el padre (Juan José Pérez) no estaba en casa, estaba el hijo (Fulgencio Pérez Dobón), y me dijo que lo tenía que consultar con su padre, y le dije que me respondiera lo antes posible». Miralles le preguntó si durante el juicio se preocuparon más de atacar a los tres jóvenes inocentes muertos y manchar su memoria insistiendo en que era terroristas y homosexuales cuando estaba demostrado que no lo eran: «Yo en ese aspecto no lo sé. No sé los condicionamientos que ellos tenían, ni por qué lo harían, eso son condiciones de abogados y técnicas». Miralles le preguntó por su ideología política: «Yo le voy a decir una cosa. Mi ideología política es el respeto a los demás. Jamás se ha oído pronunciar a mis labios cualquier cosa». Y sobre la Constitución: «Es para mí una pauta, en la cual los españoles marcan el cuadro en el que tienen que desenvolver su vida, y todos nosotros debemos respetar ese marco por completo. ¿Qué si soy un homicida? Pues eso… eso…eso es muy duro para un hombre, muy duro para un hombre que lleva treinta años de servicio. Los guardias no tuvieron ninguna responsabilidad. El teniente Gómez Torres es uno de los mejores hombres que me he encontrado en mi vida. Todos los guardias, los condenados, como los que iban en la caravana cumplieron con la obligación, con las órdenes que les daba su teniente coronel, que soy yo. No hicieron más que eso». ¿Siente odio o rencor hacia la prensa? No, en absoluto». («Ha hecho referencia a esa falta de información del principio que ofreció el *Telediario* del domingo 10 de mayo de 1981, un ejemplo de desvergüenza, noticias confusas ofrecidas por la Dirección General de la Guardia Civil», dice el periodista Melchor Miralles), «pero la prensa diariamente», contesta Castillo, «está cumpliendo con su deber y no se puede sentir rencor hacia un hombre que cumple su deber. Tendría que tener unas entendederas, como decimos en Andalucía, muy mínimas. Yo, como guardia, no puedo sentir rencor hacia ningún español». ¿Qué sintió el primer día del juicio y cuando le ordenaron quitarse el uniforme?, le preguntó Miralles. «Verá, cuando un hombre tiene alguna culpa se puede considerar disminuido o podría sentir algún peso sobre su alma. Yo, no. Yo sé desde el fondo de mi ser que en todo momento traté de cumplir con mi deber... Cualquier persona que ha vestido este uniforme, cuando llega el momento de retirarse, sus lágrimas corren por sus mejillas, y a mí me pasó exactamente igual[73]», son algunas de las respuestas ofrecidas por Castillo Quero, hijo de guardia, quien le confesó a Miralles su admiración por su madre que pronto quedó viuda con 32 años y cinco hijos. «Recuerdo muy bien haber ido con ella por Andújar, con toda la crueldad de la vida, a pedir limosna de casa en casa. Es así, no digo lo que no es verdad. Esa mujer luchó como una verdadera heroína para sacar a sus hijos adelante», rememoró. Castillo llegó a la Comandancia de Almería como responsable el 5 de junio de 1979, permaneciendo allí hasta que es separado del servicio en mayo de 1981, tras la muerte de tres jóvenes trabajadores, intachables, inocentes.

El mismo día que Miralles ofreció la entrevista en exclusiva, *Diario 16* publicó el siguiente editorial: «Dos años después de ocurridos los lamentables sucesos que dieron origen al caso Almería y tan solo tres días de que se celebre la vista de los recursos de casación ante el Tribunal Supremo, *Diario 16* publica hoy la única entrevista que se le ha podido hacer al teniente coronel de la Guardia Civil, Carlos Castillo Quero, condenado a 24 años de cárcel como máximo responsable de aquel triple homicidio.

---

73 Miralles, Melchor, «El homicida se confiesa», *Diario 16*, 1 de mayo de 1983, pp, 4, 5, 6 y 7. Editorial, p, 2.

«No aclara nada»

El mismo periódico *Diario 16* para el que trabajó Melchor Miralles, autor de la excelente entrevista a Castillo Quero, lanzó un editorial titulado «No aclara nada». Recuerdo que se comentó mucho el origen humilde de su familia y como ayudó a su madre para salir adelante. El editorial subrayó: «Pero las manifestaciones que libremente ha hecho a este periódico no aclaran en lo sustancial ninguno de los puntos oscuros que gravitan en torno al caso Almería, extremos que ni siquiera en el juicio del pasado año pudieron quedar definitivamente explicados. Aún no hemos podido saber por qué no se llevó a cabo una correcta identificación de los tres jóvenes muertos en Almería, lo cual hubiera evitado la catástrofe, y no nos parece acertado que se dieron en principio por buenas las sospechas de unos ciudadanos que precipitadamente les denunciaron. No ponemos en duda que a Castillo Quero le ordenaran trasladar a los detenidos en coches particulares, pero nadie ha dado una explicación a este hecho ilógico, más aún si es cierto que pensaban que se trataba de peligrosos terroristas. No se explica cómo se ordenó disparar sobre los muchachos cuando había nueve guardias armados, número más que suficiente para reducirles sin causarles la muerte. No tienen sentido las dudas de Castillo Quero sobre la identidad de los muertos, y ni él mismo sabe explicar en qué argumento las basa. No obstante, la sentencia de la Audiencia (de Almería) va a ser ahora revisada y nosotros estamos seguros de que, de nuevo, se va a hacer justicia, aunque tememos que la verdad no se conozca nunca[74]».

El exteniente coronel de la Guardia Civil Carlos Castillo Quero falleció en Córdoba a la edad de 60 años a causa de un infarto, según la crónica del corresponsal de *El País* José Luis Rodríguez, «residía en la capital cordobesa desde que el 20 de julio de 1992 salió de la cárcel tras obtener la libertad condicional. Desde en-

---

74 *Diario 16*, 1 de mayo de 1983, p, 2, editorial.

tonces trabajaba como responsable de la contabilidad de varias empresas[75]. Castillo salió de la cárcel de Córdoba tras cumplir 11 años de prisión, el 9 de noviembre de 1992. ¿Qué cálculos se han hecho para la reducción de condena y por qué pasó varios años, tras ser condenado, en residencias de oficiales de distintos cuarteles de la Guardia Civil[76]. «Los abusos que bajo el nombre del Estado realizaron los tres guardias civiles marcó para el abogado Darío Fernández un hito histórico en relación con la obediencia debida. No hubo ninguna explicación oficial[77]». «Castillo Quero mantuvo hasta el final del juicio y en sus declaraciones la versión de que fue un intento de fuga, sospechas sobre los tres jóvenes que venían a Pechina para la primera comunión del hermano pequeño de Juan Mañas. Ninguno pudo hablar. Casas Fuertes, medio derruido, es una sombra de cuartel fantasma. Allí fueron las torturas. El Tribunal los condenó por homicidio[78]». El Ayuntamiento de Almería aprobó por unanimidad instar al Gobierno de España a que proceda acometer la restauración de la Casa Fuerte de la Cruceta, conocido popularmente por Casas Fuertes, Bien de Interés Cultural (BIC) desde 1985 «y entre cuyas paredes fueron torturados hasta la muerte los tres jóvenes procedentes de Cantabría del caso Almería[79]».

La senadora Martirio Tesoro Amate (Almería, 1947) precisó a este periodista que interpeló al ministro de Justicia e Interior,

75 Ruiz, Simón, «Muere el ex teniente de la Guardia Civil condenado por el caso Almería. Castillo Quero falleció en Córdoba de una parada cardíaca a los 60 años», *Diario 16*, 5 de abril de 1994.

76 Fernández, Antonio, «¿Cómo se pagan las lágrimas?», *La Voz de Almería*, 11 de noviembre de 1992, p, 5.

77 Torres, Antonio, «Un trágico error», *Diario 16*, 5 de abril de 1994, artículo de opinión.

78 Blanco, Miguel Ángel, «Silencio de Estado», *Ideal*, 5 de abril de 1994, p, 20.

79 Revilla, María Victoria, «El Ayuntamiento aprueba pedir la cesión del que fue el cuartel del caso Almería, un BIC del siglo XVIII en estado deplorable», *Diario de Almería*, 12 de enero de 2024.

Juan Alberto Belloch, sobre la asistencia con coche oficial de autoridades militares sobre ese hecho. Periodistas de casi toda España encabezados por Ramos Espejo denunciamos la presencia de mandos de la Benemérita en el entierro de Castillo en Córdoba: «La muerte siempre es buen momento para perdonar, pero su funeral no puede ser utilizado impunemente por los generales para dar mal ejemplo a sus subordinados. En la democracia, como en la música, las formas son tan importantes como el fondo. ¡Qué flaco servicio han hecho estos generales a sus compañeros de cuerpo y a su patria!». El asunto fue objeto de la crónica y de las piezas televisivas por parte de Rocío Amores para Canal Sur Radio y Televisión. Jorge M. Reverte concluyó su columna en la contraportada de *El País* con mucha ironía: «El general que acudió a su funeral vestido de uniforme disfrazaba su incapacidad para entenderlo todo porque seguramente, piensa que Castillo Quero se equivocó de víctimas, y eso le puede pasar a cualquiera[80]». El inventor de la televisión matinal en España, el almeriense José Antonio Martínez Soler, subrayó: «Castillo Quero es uno de los personajes de la España negra que más daño ha hecho a sus compañeros de cuerpo, al Ejército y a todos los españoles de buena fe[81]». «Confío en que algún día quiebre alguna conciencia y sepamos la verdad[82]». El programa *La Memoria* de Radio Andalucía Información (RAI), dirigido y presentado por Rafael Guerrero[83], reunió al abogado Darío Fernández, a Francisco Mañas y a este autor. Los participantes en el

---

80 M. Reverte, Jorge, «Almería», *El País*, 12 de abril de 1994, contraportada.

81 Martínez Soler, José A., «Compañero del Cuerpo, compañero», *La Voz de Almería*, 7 de abril de 1994, artículo de opinión.

82 Beni Uzabal, Elisa, «La asistencia de militares uniformados al funeral de Castillo Quero levanta muchos interrogantes peligrosos», *La Voz de Almería*, 8 de abril de 1994.

83 Guerrero, Rafael, *La Memoria*, el espacio de la memoria histórica de Canal Sur Radio que se puede descargar a través de «radio a la carta» de la emisora andaluza, febrero de 2018.

coloquio lamentaron que el Gobierno les siguiera denegando la consideración de «víctimas del terrorismo» y esperan un relato democrático con la aportación de algunos de los testigos que siguen vivos, así como una declaración institucional del Parlamento de Andalucía.

En «Una historia de sombra y de tiniebla: el caso Almería (1981)» el prestigioso doctor en Historia Contemporánea por la Universidad Autónoma de Madrid, Roberto Muñoz Bolaños (Madrid, 1970), recoge la pregunta formulada por el senador del PSOE por Almería, Eloy Jesús López Miralles (Melilla, 1944), al ministro Rosón: «al parecer el señor coronel Jefe del Tercio, De La Puente Llorente, estuvo la noche del sábado al domingo sobre las tres de la mañana en Almería». El ministro obvió la cuestión. «¿Por qué?», se pregunta el profesor Muñoz Bolaños: «Si hubiera reconocido la presencia de De La Puente en Almería, la responsabilidad de lo ocurrido hubiera alcanzado a la Dirección General de la Guardia Civil (DGGC): el jefe de un tercio no podía trasladarse a otra provincia de su demarcación, aunque hubiera querido hacerlo voluntariamente, sin tener el permiso de su jefe inmediato –en este caso el jefe de la II Zona– que, a su vez, tendría que haber informado de este desplazamiento al director general de la Guardia Civil. De ahí que Rosón no quisiera responder porque el Gobierno no estaba dispuesto a permitir que la responsabilidad de lo ocurrido alcanzara a ningún mando superior a Castillo Quero». Muñoz Bolaños le explicó al periodista Ángel Muñárriz del digital *InfoLibre* el 9 de septiembre de 2022: «¡Se veía a la legua que no eran terroristas! ¡Si había uno de Almería, con acento cerrado! No me consta otro caso así. ¿Tan brutal? No. Nada tan brutal y tan absurdo. Los tres se quedaron sorprendidos cuando se los detuvo, no había armas, no quisieron huir… Nada». «Un triple crimen que fue, sigue siendo, una de las mayores vergüenzas de la Transición y al que siguió», desvela el historiador a Muñárriz, «un cubrimiento que despliega efectos hasta hoy».

Castillo Quero durante las primeras semanas, pese a estar de baja, siguió viajando a Madrid. El senador socialista Eloy López Miralles por Almería lo denunció. Rosón calificó desde el primer momento los hechos como «un trágico error». Esta posición la mantendría en sus comparecencias ante el Congreso de los Diputados y el Senado, amparándose en que el suceso estaba siendo investigado por la autoridad judicial. Así cuando López Miralles afirmó: «el señor teniente coronel de la Guardia Civil [Castillo Quero] estaba dado de baja por enfermedad y que nos conste de manera fehaciente ha hecho más de un viaje fuera de la provincia. Que haya venido en el avión de Almería a Madrid, sin pasar por ningún tipo de control de viajeros». El ministro Rosón no respondió sobre esta cuestión[84]». Reiteramos que la expresión de Rosón «trágico error» la pronunció en Granada y en el Congreso de los Diputados[85]. La oposición pidió la dimisión del ministro[86].

---

84 Muñoz Bolaños, R. «Una historia de sombra y de tiniebla. El caso Almería»»D. Araucaria, 24 (50), 2022 https://doi.org/10.12795/araucaria.2022. i50.04

85 Gómez Cardeña, Manuel, «No sólo hay que aislar y acabar con el terrorismo, sino que hay que evitar sus huellas. Hay que descartar totalmente la existencia de malos tratos en el caso de los tres muertos de Almería», *Ideal*, 17 de mayo de 1981, p, 16, páginas de Andalucía.

86 Miralles, Melchor y Torrontegui, Javier, «La oposición quiere que Rosón dimita por el suceso de Almería. Todas las actuaciones las dirigió el teniente coronel Castillo Quero» *Diario 16*, 22 de mayo de 1981, p, 4.

9

EL PERDÓN

El Estado pidió perdón a las familias del caso Almería el 20 de enero de 2023 con la entrega de unos diplomas durante un acto institucional con asistencia de María Morales, madre de Juan Mañas, y de un sobrino de Luis Montero. «Desde el corazón del Estado», afirmó el secretario de Estado de Memoria Democrática, «somo conscientes del extraordinario sufrimiento que habéis pasado y sabemos que este acto llega tarde».

La exdirectora general de la Guardia Civil, María Gámez, subrayó que «aquellos terribles hechos en Almería no deberían haberse producido jamás». Se da la circunstancia que la propia directora de la Guardia Civil presentó su dimisión en marzo de 2023 y fue relevada por la madrileña Mercedes González.

El laureado periodista, Iván Gómez, preguntó a Fernando Martínez López, sobre el acto de Almería en el que el Estado pidió perdón: «Fue un momento muy emocionante. Ver a la madre de Juan Mañas, que yo la había visto en aquellos días llorando desgarrada por el dolor de lo que había ocurrido, recibiendo el reconocimiento público del Estado por aquello que había sido una gran barbaridad. Desde la Secretaría de Estado de Memoria Democrática lo programamos conjuntamente con la Dirección General de la Guardia Civil y fue un acto muy emotivo, necesario, reparador y de tanta justicia[87]».

Bienvenida fue la disculpa y el perdón expresado por el Gobierno de España, 42 años después, para restituir el nombre de

---

87 Gómez, Iván, «El año que viene la Memoria entrará en la escuela y también estará en las oposiciones», *Diario de Almería*, 12 de febrero de 2023.

los tres jóvenes asesinados en el denominado caso Almería el 10 de mayo de 1981. Hubo protagonistas en el acto celebrado en Almería, el 20 de enero de 2023, festividad de San Sebastián, patrón de Gérgal, término municipal donde aparecieron tiroteados y carbonizados los tres jóvenes. Protagonistas que no podían pasar desapercibidos como el sobrino de Luis Montero, Javier Diego Montero (Santander, 1967), aparejador, hijo de Socorro Montero y sobrino de Faustino Montero, que emuló, cruzando España, al periodista Antonio Ramos. Sin duda, todas las miradas estaban, sin embargo, en la madre coraje, María Morales Mañas (El Alquián, Almería, 1935), progenitora de Juan Mañas Morales.

Su otro hijo, Francisco Javier Mañas Morales, el chico que hacía la primera comunión, habló en nombre de las familias de los tres jóvenes asesinados en mayo de 1981. Hizo alusión a que de las tres madres de los jóvenes solo vive la suya: «Son más de cuatro décadas las que lleva esperando, aunque solo sean unas palabras de disculpa, y hoy es el día».

La Guardia Civil comparte el dolor

Las muertes no tenían que haberse producido jamás. No fue un juicio a la Guardia Civil. Está claro que se juzgó a los que tomaron la iniciativa, cómplices y personas sin piedad, con aires de grandeza para la condecoración vacía. «El caso Almería es uno de los episodios más oscuros del camino hacia la democracia en España». «La Guardia Civil comparte el dolor inmenso de las familias del caso Almería. El Estado homenajea a las víctimas del caso Almería en un emotivo acto de desagravio» fue el título de la crónica del acto que publicó Javier Pajarón para el decano de la prensa provincial. Rafael Espino tituló para *Diario de Almería*: «Caso Almería: el perdón llega 41 años después de los asesinatos. El Gobierno entrega diplomas de reparación a los familiares de las tres víctimas».

María Morales es una madre que supo sacar a una familia adelante en años difíciles. Minutos antes del acto oficial en la Subdelegación del Gobierno, afirmó que la disculpa oficial es bienvenida. «Ahora pienso en la felicidad que podría tener mi Juan, si nos ve, con los ocho nietos y tres bisnietos de mi familia». Un abrazo intenso le dí a María Morales y continuamos con una conversación respetuosa y llena de afectos que se produjo ante la atenta mirada de varios de sus hijos, la exsenadora Martirio Tesoro y Pedro Manuel de la Cruz. No pudo disfrutar del acto de perdón José Mañas Cazorla (Pechina, Almería, 1930 – 2011), el padre trabajador y humilde, que buscó desconsolado a su hijo por toda Almería. Tampoco están los padres y hermanos de los otros dos jóvenes, el salmantino Luis Montero y el santanderino Luis Cobos.

Cuando se celebró la primera comunión, Francisco Javier fue un niño desamparado y desconcertado en ese acto religioso, mientras que su hermano y los dos amigos que le acompañaron estaban tiroteados y carbonizados. Con una fortaleza mental, Francisco Javier ha sabido que el dolor no prescribe y lo sabe de primera mano. Ese suceso le ha marcado y con aplomo pronunció ante la responsable de la Guardia Civil en España y ante Jorge Montero Llácer, coronel jefe de Almería, un discurso muy claro y con energías para seguir peleando por el reconocimiento de víctimas por parte de unos guardias civiles que no creyeron en la democracia. Hubo palabras medidas dando las gracias a las asociaciones memorialistas y, en especial, al trabajo realizado en Santander que concluyó con actos en el Parlamento y el recuerdo permanente en la estación de trenes de la capital cántabra. En Almería, se sueña con que algún día será posible un gran homenaje, al margen de que por vez primera un Gobierno de España ha pedido perdón.

La responsabilidad de aquella barbarie queda reducida a quienes la cometieron, escribió en su «carta» semanal Pedro

Manuel de la Cruz. «Once hombres sin piedad y sin honor porque durante cuarenta y un años, ocho meses y diez días ninguno de los que participaron en aquella caravana del horror ha tenido la valentía de contar la verdad de lo que ocurrió aquella madrugada en la que un teniente coronel, enloquecido de furia y odio les hizo cómplices de tres asesinatos. En la insultante cobardía de su silencio llevan la penitencia de la indignidad. Han pertenecido y pertenecen a un cuerpo al que cada mañana siguen deshonrando con el miedo que les impide la valentía de contar la verdad. Una verdad que hará descansar en sus tumbas a los tres jóvenes asesinados y que a ellos les traerá la paz de recuperar la divisa del honor que un día juraron mantener y que perdieron y continuarán perdiendo mientras perpetúen la coartada cobarde del pacto de silencio que les impuso el criminal que les mandaba. El Estado y la Guardia Civil, como uno de sus pilares, ha saldado una deuda histórica. Juan Mañas, Luis Montero y Luis Cobo, allá donde se encuentren, ojalá el Dios de los creyentes les haya hecho llegar el perdón que la máxima autoridad del cuerpo que les mató pidió públicamente. El abrazo emocionado de María Gámez y María Morales hizo más digna la democracia. La memoria y el perdón por aquellos hechos no abren heridas, las cierran», denunció el director de *La Voz de Almería* Pedro Manuel de la Cruz.

De sus palabras pronunciadas, las de Gámez, destacamos del acto que abrió el delegado del Gobierno en Andalucía Pedro Fernández Peñalver: «Soy consciente -la Guardia Civil es consciente- del sufrimiento de las madres, de los hermanos, de los amigos. De todas las personas que querían a Luis, a Juan, a Luis. Soy consciente del dolor inmenso y créanme que es compartido por la Guardia Civil», reiteró María Gámez. «No cabe ningún tipo de justificación ante este episodio», afirmó Gámez, «me emociona ver a María Morales, la madre de Juan, y siento su dolor de madre por todo lo que ha pasado. Confío en que hoy estemos llenando, de alguna manera, el vacío que ha sentido todo este tiempo ella y el resto de personas que querían a Luis, a Juan y a Luis. Este acto, estas palabras, seguramente llegan tarde, pero eso solo confirma que había, que teníamos, que hacerlo. Mejor tarde que nunca. Esta mañana, en Almería, estamos engrandeciendo y mejorando la democracia y dignificando a las víctimas. Confío en que también hayamos aportado consuelo a las familias de las víctimas, a quienes traslado el respeto de la Guardia Civil».

Además hacia María Morales, hubo palabras sentidas hacia la figura del abogado acusador Darío Fernández, el letrado que sentó por vez primera en el banquillo a guardias civiles vestidos de ropa ordinaria, en nombre de las tres familias rotas. El niño de la primera comunión, Francisco Javier Mañas, ahora un padre de familia, con su conocimiento y pasión seguirá defendiendo el honor de los tres jóvenes asesinados. Yolanda Pérez, viuda del añorado Darío, acudió al acto junto a Antonia, hermana del letrado.

María Morales ya es un icono de la desesperación por tanta espera desde que su hijo salió de la casa en un viaje de felicidad que se retorció de temor por la estupidez de unos siniestros guardias civiles. El perdón debió llegar antes pero nunca es tarde.

En la familia Cobo hubo una acogida emocional y reparadora al perdón oficial. La respuesta se produjo desde Santander por parte de una sobrina del fallecido: «Seguramente que para mi abuela, mi madre o mi tía no sea muy significativo, pero para mí, que no había nacido cuando ocurrieron los hechos, significa mucho. Es muy significativo que la directora general de la Guardia Civil estuviera allí y reconociera la responsabilidad de manera tan rotunda», opina desde Santander Lola Liquete Cobo, de 38 años y sobrina de Luis Cobo. Eva Saiz en su crónica de ámbito nacional subrayó como Francisco Mañas aguantó desde su comunión las acusaciones de «que eran tres delincuentes comunes; por último, confesaron que los confundieron con los terroristas y afirmaron que los mataron cuando intentaban huir»[88].

María Gámez, primera autoridad en pedir perdón

La primera mujer responsable de la Guardia Civil en España, la abogada y política, María Gámez Gámez (Sanlúcar de Barrameda, Cádiz, 1969), pidió perdón a las familias. Fue la primera en contestar a las familias de las víctimas del caso Almería. La carta dice textualmente: «En contestación a su carta fechada el pasado día 27 de abril de 2012, quiero transmitirle en primer lugar nuestro más profundo pesar por aquellos terribles hechos que conmovieron a la sociedad española y muy especialmente a la propia Guardia Civil, que como Institución vivió horrorizada su protagonismo en los mismos. Nada más alejado a nuestra entrega y vocación de servicio al pueblo español, que varios miembros de la Institución tomaron parte en semejante episodio. La Institución como tal y, estoy segura que a título individual cada uno de sus miembros, se estremecieron ante tanto despropósito. Es palpable el sufrimiento que transmite su carta, pero deje que comparta con usted y esas familias el dolor inmenso que el colectivo de Guardia Civil ha sufrido también durante estas cuatro décadas. Entiendo que la acción reparadora de la justicia siempre se antoja escasa cuando es tanto el dolor al que se hace frente, pero los tribunales, a través de sus sentencias, intentan siempre traer algo de paz y sosiego a los corazones de las víctimas y los victimarios. Agradeciendo su atenta carta y reiterándole nuestro sentimiento de solidaridad con los familiares y amigos de los que sufrieron directamente las consecuencias de aquellos hechos, reciba un cordial saludo».

La génesis para que el Estado pidiera perdón el 20 de enero de 2023 a las familias de las víctimas tiene una palanca en la

---

88 Saiz, Eva, «Caso Almería: el perdón del Estado llega 40 años tarde», *El País*, 19 de febrero de 2023, pp, 26 y 27.

figura de Carlos Bachiller Candela (Bruselas, 1963), vecino de Albacete. Es ese amigo insobornable y leal de las familias. Es uno de los defensores anónimos que sigue trabajando por la reparación de justicia para las familias de las víctimas. La ministra de Defensa, Margarita Robles, recibió a Bachiller Candela y a Francisco Javier Mañas, en compañía de varios familiares, expresando su solidaridad con las familias, tal como reflejé en *Ideal* y *La Voz de Almería* el 8 de junio de 2024. «Desde hace muchos años, ha compartido nuestro sufrimiento y nos ha apoyado en todas las iniciativas», expresó con enorme satisfacción Francisco Javier Mañas Morales, el hermano de la víctima Juan Mañas. Carlos Bachiller sigue empeñado en que Almería haga algo grande como lo hizo Santander con un monumento. «Ten en cuenta que Mañas hizo el servicio militar en Ferroviarios en Madrid». A esa petición se ha sumado José Antonio Barrera Espín (Adra, 1959), portavoz de la Plataforma por el Tren Público Social y Sostenible de Almería, y que desde siempre ha estado pegado a la familia Mañas Morales.

Reconocimientos pendientes

Para llegar al perdón oficial del acto institucional celebrado en la Subdelegación del Gobierno de Almería en enero de 2023 hubo un rosario de peticiones a lo largo del tiempo transcurrido desde el trágico 10 de mayo de 1981. «Ni la Guardia Civil ni el Estado nos han pedido nunca perdón por aquel asesinato tremendo. Conocían perfectamente sus identidades desde el primer momento», denunció Francisco Mañas.

El olvido no tiene perdón y las heridas siguen abiertas. El exdelegado de *Ideal* en Almería, Ángel Iturbide, en su columna semanal escribió: «Almería sigue teniendo una deuda pendiente con los tres jóvenes. Salvo cuando llega esta fecha ya no nos acordamos de aquel terrible error de la Guardia Civil. Una Guardia Civil que no es la de hoy ni muchísimo menos. Aquellos guardias civiles (tres fueron condenados con penas que no llegaron a cumplir en su integridad y ocho más fueron absueltos) se veían ya con las oportunas medallas en el pecho por haber detenido y acabado con la vida de los tres etarras que habían atentado en Madrid, pero no eran los etarras, eran tres simples trabajadores que venían a Almería a disfrutar de la primera comunión del hermano de uno de ellos. Una tragedia que sacudió a una humilde familia de Pechina, que marcó la vida de Francisco Mañas, el niño que esos días hacía su primera comunión, y que Almería tiene aún una deuda con todos ellos. Desde entonces la familia no ha buscado ningún tipo de protagonismo y ha vivido su intenso dolor en su intimidad. Solamente ha pedido que se haga justicia, pero esta no parece haber llegado. Una familia rota por el exceso de unos guardias civiles que deshonraron al cuerpo y a todos los españoles y que ha visto cómo sus paisanos han olvidado lo que ocurrió hace ya 41 años. Francisco pidió al Parlamento andaluz que solicite al Estado el reconocimiento de que Juan y los otros dos jóvenes son, también, víctimas del terrorismo.

Monumentos para la reparación

El símbolo más llamativo hasta ahora del trágico suceso se encuentra en el margen de una carretera secundaria de Gérgal. Una placa sencilla sobre un monolito, una fría lápida, más solitaria y oscura, anacrónica fuera del hábitat de un campo santo. Todo coronado en la modesta altura por una cruz cristiana. Representa el símbolo al que acuden cada 10 de mayo los familiares y amigos para rendir homenaje en el lugar donde encontraron el coche calcinado. Un texto escueto reza: «*En este lugar aparecieron calcinados los cuerpos de Juan Mañas Morales, de 24 años de edad, Luis Cobo Mier, de 29 años de edad, Luis Montero García, de 33 años de edad, en extrañas circunstancias. Vuestros padres, hermanos, familiares y amigos no os olvidarán jamás. D. E. P.*»

194

El acto anual de mayo de 2024 fue el primero sin María Morales, la añorada madre coraje de Pechina y cuya memoria sigue presente.

Juan Mañas, su placa en Pechina e hijo predilecto

Juan Mañas es recordado para siempre en su municipio, donde un parque lleva su nombre. Se le dedicó una placa en el centro de Pechina, el sábado 11 de abril de 2015, con asistencia de la familia y cientos de personas de toda la provincia. Su recuerdo será inmortal a pesar de la corta duración de su vida, pues fue asesinado cuando le rompieron sus sueños en plena juventud, con apenas 24 años. La iniciativa del homenaje se produjo a raíz de una moción presentada por el PSOE con respaldo unánime del GIP, el PA y el PP. La placa recoge el siguiente texto y que este autor redactó en colaboración con la familia de Mañas: «Juan Mañas Morales (Pechina, 1956, Carretera de Gérgal, 1981). Víctima del caso Almería y uno de los símbolos de la transición española»[89].

Junto a la placa, el Ayuntamiento de Pechina ha instalado un código de respuesta rápida (QR) para que la memoria del caso Almería permanezca a lo largo del tiempo. Además, supone un guiño para la juventud, que sabrá distinguirlo. Una cosa es le verdad oficial de los hechos comprobados que aparece en la sentencia y otra la verdad real a la que falta el testimonio de algunos testigos. En la citada placa de Pechina, aparece el fallecimiento en la carretera de Gérgal, cuando los datos y el sentir popular apuntan al que el asesinato de Juan Mañas se produjo en Casas Fuertes. Si vuelven al capítulo que ofrecemos en este libro de la sentencia, observarán el por qué de algunas peticiones ciudadanas. Cada vez hay más voces que reclaman una placa alusiva al caso Almería en el cuartel de Casas Fuertes, en la playa de Alme-

---

89 Espino, Rafael, «Una plaza para Juan Mañas», *Diario de Almería*, 12 de abril de 2015, p, 15.

ría, como ejemplo de malos tratos. Todo para que no se repitan esos episodios de terror que afecta al conjunto de la democracia.

Juan Mañas Morales fue proclamado hijo predilecto de Pechina a título póstumo el 10 de mayo de 2025. No hubo fisuras, y la corporación municipal, por unanimidad de todos los grupos, PSOE, PP y Vox, concedió ese honor, resaltando el alcalde, Juan Manuel López Rodríguez: «Pechina jamás ha dejado de recordar a la familia Mañas Morales. Sus padres dejaron la semilla buena. La voz de un pueblo es y será siempre la de los nuestros. ¡Viva la memoria de Juan Mañas Morales!». En el acto hubo una docena de intervenciones. El subdelegado del Gobierno, José María Martín, asistió al acto denominado «Verdad y Recuerdo» y mostró su solidaridad: «Con el nombramiento de Juan Mañas como hijo predilecto se ha hecho justicia con su familia y amigos».

Tuve la oportunidad de narrar las primeras horas del caso Almería en dicho acto ante centenares de personas y en especial la presencia de la familia Mañas Morales. Fue emotiva la presencia en Pechina de Francisco Velázquez y José Francisco Segura, que consolidaron amistad con Juan Mañas Morales en sus tiempos de «mili» en el Regimiento de Zapadores Ferroviarios en Cuatro Vientos (Madrid). Al día siguiente del acto institucional de proclamación de hijo predilecto a título póstumo de Juan Mañas, el director de *La Voz de Almería*, Pedro Manuel de la Cruz, lanzó una propuesta, muy comentada, que coincide con los deseos de la familia: «El homenaje de 2023 en la subdelegación del Gobierno en Almería atenúa el olvido con que los gobiernos de Suárez, González, Aznar, Zapatero y Rajoy ignoraron esta reparación. Pedro Sánchez ha tenido la valentía que otros no tuvieron. La verdad es la verdad. Si los etarras Lasa y Zabala, asesinados y enterrados en cal viva fueron considerados víctimas de terrorismo de Estado, ¿qué razón legal, política o ética existe para que esa misma condición no se les atribuya a aquellos tres jóvenes que el único ´delito´ que cometieron en sus vidas fue viajar desde

Santander hasta Almería para conocer la provincia y celebrar la comunión del hermano pequeño de Juan Mañas?».

Trágica Transición en Andalucía

Entre una buena gavilla de artistas, sobresalió en Pechina la presencia del cantaor Manuel Gerena (La Puebla de Cazalla, Sevilla, 1945), voz en los homenajes a víctimas de la Transición como el caso Almería. Hay ejemplos de impunidad en Almería. La muerte del estudiante Javier Verdejo por disparos de la Guardia Civil cuando realizada una pintada puso en Almería uno de los símbolos trágicos de la Transición, destacó Blanco, referente de un nuevo periodismo que se abrió en Almería. El citado periodista denunció que su compañero, Manuel Gómez Cardeña, fue detenido por cubrir una de las manifestaciones que se produjeron por la muerte de Verdejo que estremeció a Almería. «No terminó de hacer la pintada, cayendo herido de muerte[90]». Es elocuente la falta de procesados o detenidos, tras el asesinato del estudiante de Biología, Javier Verdejo Lucas (Almería, 1958-1976), quien intentó terminar de pintar el lema «Pan, Trabajo y Libertad» y acabó tiroteado por un guardia civil «sobre las 24 horas del día 13 de agosto de 1977…), según la nota oficial, sin que hasta el momento se haya esclarecido su muerte[91]. La Asociación Andaluza de Víctimas de la Transición viene trabajando aludiendo a las familias de Manuel José García Caparrós (Málaga, 1958-1977), asesinado en Málaga cuando se manifestaba por autonomía andaluza y del estudiante Arturo Ruiz García (Granada, 1957-Madrid, 1977), tiroteado por un ultraderechista en Madrid por defender la libertad. Transición trágica en Andalu-

---

90 Blanco, Miguel Ángel, «La pintada de Javier Verdejo», *Crónica de un sueño. Memoria de la Transición Democrática en Almería*, Comunicación y Turismo y Diputación de Almería, 2006, p, 96.

91 Ruiz Fernández, José, «Javier Verdejo. La impunidad de una muerte 47 años después», *Diario de Almería*, agosto de 2024.

cía en la que conviene no olvidar el trabajo incansable de Manuel Ruiz, el hermano de Arturo, que fundó el Colectivo por los Olvidados de la Transición. En colaboración con los periodistas de *El País*[92] José María Irujo y Joaquín Gil, desenmascaró a José Ignacio Fernández Guaza, autor de los disparon que acabaron con la vida de su hermano que residía en Argentina desde hace casi medio siglo, tras escapar de España. Manuel Ruiz, (Granada, 1956-Madrid, 2023), fundó el Colectivo por los Olvidados de la Transición y se unió a la querella Argentina, buscando allí la justicia que le negaba su propio país. Viajó a Buenos Aires para pedirle a la jueza María Servini, investigadora sobre los delitos de la dictadura, que presentara una querella contra el pistolero ultraderechista Fernández Guaza, el asesino confeso de su hermano. Olga Ruz, hija de Manuel, pasó, tras fallecer su padre, por los micrófonos de *A vivir que son dos días* de la Cadena SER. «Es terrible como sociedad que esto siga olvidado. Ojalá que los niños conozcan las dificultades. No es envenenar ni remover el pasado hay que leer y entender las cosas». Los periodistas Javier del Pino y Beatriz Nogal del referido programa alabaron la dignidad de las familias por mantener viva la llama para que no se olvidaran tantas injusticias no aclaradas. «Esto no puede quedar impune porque ya no hay nada que investigar», fueron una de las últimas expresiones que tengo del añorado Manuel Ruiz[93].

El prestigioso catedrático Julián Casanova se refirió a que está pendiente un relato de la Transición en la que no fue tan modélica y puso el ejemplo de las muertes que se produjeron y la Matanza de Atocha, otro caso abierto, el terrible atentado terrorista ocurrido en el centro de Madrid el 24 de enero de 1977. Aquí, los ultraderechistas acabaron con la vida de los abogados

---

92   Irujo, José María y Gil, Joaquín, «La vida secreta del asesino de Arturo Ruiz, *El País*, 2 de noviembre de 2023.

93   Torres, Antonio, «Manuel Ruiz, más de 40 años buscando justicia para su hermano Arturo», *La Voz de Almería*, 26 de noviembre de 2023, p, 5.

laboralistas, vinculados a Comisiones Obreras, Enrique Valdevira Ibáñez, Luis Javier Benavides Orgaz y Francisco Javier Sauquillo; el estudiante de Derecho Serafín Holgado y el administrativo Ángel Rodríguez Leal. Los autores de los crímenes fueron detenidos en el Hostal Sevilla, establecimiento del centro de la capital almeriense. Uno de los detenidos era el almeriense José Fernández Cerrá[94].

En definitiva, *Andalucía. Autonomía y Muerte*, portada de Tiempo, revista que en Almería tuvo las réplicas de las desaparecidas por la asfixia económica y política, Almería Semanal que dirigió Manuel Acién con portadas de Manuel Falces, y Naif de Miguel Ángel Urquiza.

Escultura en Santander

Cantabria, con unanimidad de todos los grupos políticos, pidió al Estado que se considere a las víctimas y se pida perdón. Una escultura para reparar el largo olvido de las tres víctimas del caso Almería se inauguró el 15 de octubre de 2021 en los jardines de la estación de trenes de Santander. Más de 300 personas acudieron al homenaje póstumo a las víctimas y la inauguración, preparada con exquisita elegancia, reclamando que el Estado repare el largo olvido. La escultura en acero es un homenaje póstumo a la memoria de Luis Montero, Luis Cobo y el almeriense Juan Mañas, cuyos hermanos y varios familiares cruzaron toda España para estar en Santander. «Fue un acto emotivo y muy sentido», expresó Francisco Javier Mañas después de su intervención. Junto a Francisco Javier Mañas, acudieron sus hermanos Antonio y Mari Carmen, acompañados de sus parejas e hijos, quienes en todo momento hicieron piña con Socorro, la hermana de Luis Montero, y su marido Santiago, y Lola, sobrina

94 Blanco Martín, Miguel Ángel, «Matanza de Atocha, desde Almería», *Crónica de un sueño. Memoria de la Transición Democrática en Almería*, Comunicación y Turismo, Málaga, 2006, p, 118.

de Luis Cobo, con su marido David. Asistieron otros familiares y amigos como la paisana de Luis Montero en el Valle de Camargo, Luz Cabezas Ruiz (Santander, 1952), quien me facilitó, junto Francisco Javier Mañas, las fotos del acto y recordó en línea con otros paisanos que Montero era el más moreno de los tres y persona alta, fuerte y generosa. «El acto fue emotivo y el ambiente con todas las personas con mentalidad reivindicativa, con argumentos, sin gritos, con mucho nivel», expresaron. Francisco Javier Mañas no paró a lo largo de la jornada de conceder entrevistas a la mayoría de medios cántabros como Onda Cero y el programa *Hoy por Hoy Cantabria* de la Cadena SER y la crónica de la redactora de la emisora María Gutiérrez. «Parece que en ver de ser víctimas del terrorismo de Estado, hubiéramos hecho algo malo», así tituló *elDiario*. «Ante todo, queremos que no se olvide nunca y el Estado atienda las peticiones», reiteró Francisco Javier que recordó el dolor de su madre María que no pudo viajar a Santander y sobre todo al padre José, fallecido. Todos se vieron respaldados por los miembros de la Dirección General de Patrimonio Cultural y Memoria Histórica del Gobierno de Cantabria, así como los intervinientes en el acto muy emotivo. Hubo música de bienvenida y las intervenciones de Agustín Macías, Rosa Barreda, Francisco Mañas, representante de las familias, Zoraida Hijosa, directora general de Patrimonio Cultural y Memoria Histórica del Gobierno de Cantabria, así como el autor de la escultura Nacho Zubelzu (Reinosa, 1966). El Gobierno regional financió la escultura de acero, compuesta por tres siluetas de espacios vaciados identificándose con tres vidas que se fueron. Zubelzu subrayó, en el acto organizado por *Desmemoriados* que su obra intenta expresar, moldear y consolidar una cicatriz atemporal, para que siga manteniendo vivo el recuerdo, para que no vuelva a repetirse». Javier Diego Montero, sobrino de Luis Montero, descubrió la placa identificativa de la escultura. Francisco Mañas, emocionado, dio las gracias a los presentes y a quienes intervinieron en la iniciativa y explicó que «las familias siguen luchando porque las heridas no han sido reparadas en absoluto», según la crónica de Javier Fernández Rubio del periódico *elDiario.es Cantabria*.

Tuve el privilegio de colaborar con el documental, dirigido por Mariano Calvo Hayas y Carolina Hernáiz absoluto rigor científico que representa el colectivo *Desmemoriados* en Santander[95]. Carolina Hernáiz denunció en presencia de Francisco Mañas lo difícil que es en este país poder contar con «una memoria paralela a la oficial». «No se ha hecho suficiente, nos queda mucho pero se ha dado un paso de gigante». El colectivo volvió al Parlamento de Cantabria con un nuevo acto de homenaje a las víctimas el 10 de mayo de 2023. Se estrenó el corto documental *Almería 1981, retrospectiva del Caso Almería*, de Andrés Barrios y Alicia Céspedes, con Tino Andrés Gómez (Santander, 1965) como responsable institucional. Tras el coloquio-debate, los asistentes acudieron a la Plaza de las Estaciones para realizar una ofrenda floral. El cortometraje fue premiado en el Festival Internacional por la Memoria Democrática, celebrado en Madrid en diciembre de 2023.

Francisco Javier Mañas confía en que en Almería capital haya también una escultura o monumento de la memoria a los tres jóvenes que marcaron uno de los hechos más sangrientos de la Transición y que tocó de lleno en Almería, Santander, Pechina y el conjunto de España. «Soñamos con que los políticos de Almería, las instituciones con la Junta de Andalucía al frente aprendan de lo ocurrido en Santander que levantaron una escultura de Nacho Zubelzu en la Plaza de las Estaciones. Un detalle con los tres jóvenes vinculados en RENFE y de ahí que la estación de Almería sería un lugar interesante. Solo en Pechina hay un recuerdo permanente con el Parque Juan Mañas Morales».

---

95 Mora, Eva, «Siempre es buen momento para que se haga reconocimiento», Elfarodio.com, Santander, 10 de mayo de 2018.

10

COLOFÓN

El caso Almería sigue abierto para la historia. No parece haber descanso. Las familias de los tres hombres fallecidos siempre llevarán el dolor de tan triste suceso. Eso no cambiará para los coetáneos de Juan Mañas, Luis Cobo y Luis Montero. Sin embargo, ese dolor podría ser atenuado con un arrepentimiento sincero, ya que las disculpas públicas del Gobierno y de la Guardia Civil llegaron en enero de 2023.

El arrepentimiento no puede ser otro que un relato detallado de todo lo que ocurrió por parte de alguno de los miembros de aquella caravana de guardias civiles que, bajo las órdenes del fallecido teniente coronel Castillo Quero, participaron, o estuvieron presentes como subordinados, en la detención y los trágicos acontecimiento que tan lamentable resultado tuvo. La familia lo demanda, medio siglo después, al igual que la sociedad española. Algunos de los guardias civiles de aquel triste 10 de mayo de 1981 están a tiempo de esclarecer y detallar lo que ocurrió en los interrogatorios y la muerte de los tres jóvenes. Son testigos directos. Sus relatos ayudarán a las familias, a los investigadores y a la sociedad. El corporativismo no existe cuando se trata de construir un bien común superior. Hubo, y lo hay, un pacto tácito para encumbrir el terrible crimen, un corporativismo mal entendido. Cuando acabó el juicio, el presidente de la Audiencia Provincial de Almería, José Jiménez, ordenó a los procesados que se pusieran de pie. Uno a uno fue preguntándoles si tenían algo que declarar en su defensa. El teniente coronel Carlos Castillo Quero y el guardia Manuel Fernández Llamas, respondieron con un escueto 'no'. El otro condenado, el teniente ayudante

Manuel Gómez Torres, respondió: «Sí señoría, quiero decir que siento mucho todo lo que ha ocurrido». Tras la confesión con ese sentimiento de Manuel Gómez Torres, el presidente José Jiménez declaró el juicio concluso y visto para sentencia. Sobre este gesto de Gómez Torres, pregunté a Darío Fernández el 9 de julio de 2021: «Gómez respondía al cliché de bondad y sentimiento, pero fue a piñón fijo de lo que le mandaran, como el resto, aunque conocí el caso de uno que se ofreció voluntario para ir en la caravana. Hubo perjurio de muchos que en el sumario dijeron una cosa y en la vista oral aseguraron otra». Sobre Gómez Torres, conocido popularmente por Manolillo, fallecido, varios vecinos suyos, de la zona del Pabellón Moisés Ruiz, mantienen que antes y después del caso Almería fue una persona respetuosa y ayudando a los demás. Todos los que lo conocían aseguran que se vió arrastrado por la incompetencia profesional de sus superiores. El silencio sigue cabalgando. Confiamos que otros guardias testigos a los que conozco personalmente, se abrirán para confesar qué pasó, sobre todo, en Casas Fuertes con Juan Mañas, al único que llevaron allí con la burda idea de buscar una bolsa. El tiempo aprieta. De los once guardias civiles relacionados con la caravana de la muerte quedan siete con vida.

Reiteramos que nos sentimos orgullosos del trabajo humano y profesional de la mayoría de los componente de la Guardia Civil. Pedimos un relato de sinceridad, honesto para devolver dignidad a los fallecidos y a la propia Guardia Civil. Para los familiares sería cauterizar de golpe la cicatriz, y mitigar en gran parte el dolor acumulado de tantos años.

EPÍLOGO[96]

Francisco Javier Mañas Morales

Antonio Torres, Doctor en Periodismo por la Universidad Complutense, escritor, profesor y amigo me encomienda el epílogo de este libro. Me siento con la obligación y el deber moral de contribuir a ello, pues así lo merece la memoria de mi hermano. También mi familia, y Antonio Torres, gran profesional que ha investigado el caso desde la misma mañana de los crímenes. Estoy seguro de que invita a su lectura, pues no hay nada mejor que algo contado por quien conoce la noticia desde el principio. Desde siempre ha apostado por la veracidad. Antonio me dice que lo más difícil ha sido dejar en la mitad y resumir los más de 500 folios con los que cuenta, así como documentos primarios. Es un trabajador incansable, y siempre que converso con él admiro su memoria y pedagogía. Jamás pensé que iba a escribir un epílogo e imagino que se podrá hacer mejor, pero lo que voy a contar lo hago desde el corazón y con el más puro sentimiento.

Domingo, 10 de mayo de 1981, día de mi primera comunión. Un día muy esperado por un niño, hacer la primera comunión es considerado una parte importante de tu vida a esa edad, algo que con el paso de los años no es tan relevante. 7 a.m, era y sigo siendo muy madrugador, me despierto y me percato de que las camas de mi hermano y sus dos amigos estaban vacías, y no le di la importancia que deberían tener sus ausencias. Me dirijo al dormitorio de mis padres con la intención de que me empiecen a preparar para el acto. Mi madre con tono de voz bajo me dice que es muy temprano aún y no haga mucho ruido por si despierto a mi hermano y sus amigos. Ahora es cuando viene la frase

---

96 Abril de 2025.

detonante de lo que empieza a ser una tragedia, «pero si no pasa nada por hacer ruido, mi hermano y sus amigos no están en el dormitorio». La expresión en sus caras parecía predecir la peor tragedia que podría ocurrir. Se olían algo malo. Me imagino que nunca pensarían lo que ocurrió. Inmediatamente se levantan y se preparan para iniciar la búsqueda. Mis padres tenían claro que mi hermano y sus amigos bajo ningún concepto dejarían de asistir a la cita a la que habían venido hasta Pechina. El único motivo por el que no asistieron, ya no tenía marcha atrás.

Mis padres y hermanos empiezan a buscar. ¡Qué tiempos! Sin telefonía móvil, sin redes sociales, ni siquiera teléfono fijo en casa. Mi ilusión por hacer la comunión se desvaneció, eso ya no importaba si todos los miembros de mi familia no podían estar. Lo importante era que los que faltaban aparecieran.

Mi madre, ante la situación en la que se encontraba, totalmente desolada, angustiada, con una tremenda incertidumbre sobre dónde estaría Juan con sus amigos. Aun así, decide que asista a realizar la primera comunión acompañado de mi hermana María del Carmen, que contaba tan solo con 16 años. Asumió el papel de hermana mayor y de madre a la vez acompañándome, mientras mi padre y mis hermanos Antonio y José junto con algunos amigos de la familia buscaban sin cesar, en una labor estéril porque nadie ni nada los iba a devolver, salvo los servicios fúnebres.

Mientras tanto, la iglesia de Pechina continuaba con su ceremonia religiosa para tantos niños y niñas, así como padres. Llega el momento de las peticiones que cada niño hace ese día. Mi catequista me había dicho cuál sería mi petición, fui el último del grupo en decidir, « que no hubiese falta de *sacerdotes en el mundo*». Aquello no iba conmigo, pero es lo que me tocaba decir y ojalá lo hubiese dicho.

Cuando el párroco me acerca el micro, mi versión de la petición se vio sustituida por otra frase que abrió debate y dejó asombrados a los allí presentes: «Yo pido que aparezca mi hermano Juan y sus amigos». «¿Qué ha pasado?», pregunta el cura. Entonces yo contesto que han desaparecido y no han vuelto a casa».

Esta fue mi petición de forma espontánea. De ser niño pasé a ser adulto en muy breve espacio de tiempo; las circunstancias en las que me veía envuelto así lo requerían.

Por supuesto que hay otra parte que hace ilusión ese día, la celebración con la familia y amigos más allegados, pero es obvio que no se celebró. Eso era lo menos importante. Aquel local, vestido de fiesta, previsto para la celebración, quedó con su puerta cerrada esperando a sus invitados. El mismo local serviría dos días después para recibir el cuerpo de mi hermano carbonizado y hacer el velatorio. Una vez terminado tocaba la peor de las despedidas de familiares y amigos, lágrimas y gritos pidiendo justicia inundaban Pechina. Hasta para traer el ataúd se impusieron condicionantes, solo lo enviarían siempre que no se abriese bajo ningún concepto. Mi madre aceptó, quería dar el último adiós a su hijo.

Una vez en casa, mis padres se enteran de lo ocurrido al salir la noticia en el *telediario* del mediodía: «tres terroristas aparecen quemados en el interior de un vehículo en Gérgal, provincia de Almería». Aún sin dar la verdadera identidad, mis padres saben que mi hermano y sus amigos son los cadáveres encontrados calcinados dentro del Ford Fiesta. Lo único que mis padres tenían claro es que no eran terroristas. Conocida la noticia, el mismo domingo 10 de mayo por la tarde, mis padres me enviaron a casa de unos amigos para aislarme de todo lo que venía detrás. Ya, el martes 12 de mayo por la tarde, al regresar a casa, le pregunté a mi madre qué dónde estaba mi hermano. «Está muerto, lo ha matado la Guardia Civil, a él y a sus amigos». No sé si la manera de recibir un niño la noticia era la correcta o no, pero era la realidad. Desde aquel momento alguna que otra vez ahonda en mí un sentimiento de culpabilidad, «si no hubiesen venido a mi comunión, esto no habría pasado».

Ahora tocaba hacer frente a lo ocurrido, buscar abogado, esclarecer los hechos, limpiar los nombres manchados de las tres víctimas… Para unos padres lo peor que les puede ocurrir es perder un hijo/a, pero si además las circunstancias son de esta manera, peor aún. ¿Por qué lo han hecho, sabiendo que son inocentes? Esta es la pregunta que más nos hemos podido llegar a hacer. ¿Dónde estaba el equipo de psicólogos para ayudar a las familias a digerir tanto dolor? ¿Y para un niño de ocho años? ¿Por qué el Estado trataba de tapar y enmascarar estas muertes, acaso es porque lo hicieron miembros de un cuerpo y fuerza de seguridad del Estado? ¿Y el Rey, por qué dio consuelo a las familias de los militares muertos en el atentado del general Valenzuela y a nuestras familias no? ¡Deberíamos de ser tratados todos iguales!

La realidad es que las víctimas y las familias, no fuimos bien tratados, ni respetados. No hubo disculpas oficiales en aquel momento. Solo la del ministro Rosón que catalogó este horrible crimen como un «trágico error». Estas palabras dan a entender que si son los etarras verdaderos sí había que hacer lo que hizo la Guardia Civil (tomarse la justicia por su cuenta). Entonces, ¿las leyes no valen en estos casos?

Mi opinión siempre ha sido que obviamente no fue un error, sino una enorme negligencia de personas obcecadas con las medallas. Tampoco confusión, como casi siempre se ha mencionado en muchos titulares. No hubo confusión. ¿En qué punto de aquel desaguisado aquellos guardias civiles sabían que no eran etarras? Tenían todos los datos y los medios a su alcance para ello. La mentira irreverente era que habían muerto cuando intentaban escapar esposados del asiento trasero de un coche, el cual solo tenía puertas delanteras. Ni en las mejores películas de acción habría ese intento de fuga, pero ahí estaban sus asesinos en complot para contar lo mismo.

La prensa «buena» se hizo eco de la noticia insistiendo en la inocencia de las tres víctimas, haciendo una labor excepcional y dejando bien claro que los muertos no eran etarras, sino tres jóvenes que viajaban desde Santander hasta Almería para asistir a la primera comunión del hermano de Juan Mañas.

Un análisis inicial de la historia nos desvela las consecuencias que conlleva la avería del vehículo en el que viajaban, ya que tenían que continuar su viaje y no tenían internet para buscar una alternativa de viaje. Si esto nos pasa hoy día, todo es mucho más fácil. Ahí es cuando un ciudadano que se sentía «ejemplar» avisa a la Guardia Civil de que ha visto a los tres etarras. A partir de ese momento el destino de los tres viajeros ya está firmado.

No quiero pasar por alto en este epílogo al abogado Darío Fernández Álvarez, pieza fundamental para sacar adelante un juicio tan complicado como nos ha descrito Antonio Torres en este libro. Aun teniendo al mejor abogado de España, quedan totalmente impunes ocho guardias civiles, la sentencia califica de homicidio y no de asesinato, y las condenas son muy blandas. No cumplieron toda la condena, y el premio por matar a tres jóvenes inocentes viene después cuando al salir de la cárcel reciben dinero de los fondos reservados del Estado. Paradójico sí, pero es la realidad. Siempre recordaré el gran trabajo de Darío Fernández, cada vez que hablaba con él quedaba impresionado por su dialecto y la manera de tratar el caso. La última vez que hablé con él también estaba Antonio Torres que nos convocó en Canal Sur Radio Televisión. Nos dijo que «se sentía la cuarta víctima del caso Almería». Se fue sin conocer toda la verdad, algo por lo que trabajó siempre.

En un caso en el que haya muertes en situaciones tan desagradables, sirva este como ejemplo, cualquier persona se estremecería al leer la noticia. Ahora, pongámonos todos por un momento en la situación de las tres víctimas: Que sentirían cuando los detienen por nada! ¡Si no eran etarras y los torturan hasta la muerte, los cosen a balazos y los queman, que hubiese sido si lo son! ¡Qué se puede sentir en esos momentos cuando no ves salida! Tu familia a 10 kilómetros de distancia, y todos tus derechos no valen para nada. Ves que tu vida está a merced de unos incontrolados miembros de la Guardia Civil que reciben órdenes ilegales. ¡Da igual lo que digas, el final está decidido! La noche y los muros de Casas Fuertes son los testigos mudos del sufrimiento de Luis Cobo, Luis Montero y Juan Mañas, mi hermano. El resto de testigos son de carne y hueso, siguen mudos, o más bien, pienso, que son de piedra para cometer semejante crimen y seguir callados y lo que quede. ¿Tan grande es el corporativismo de la institución para que nadie tenga la valentía de contar la verdad?

Para terminar, quiero reflejar que en una tragedia tan grande hay una hermosa parte positiva. Tres familias que antes no se conocían, dos de Santander y una de Almería, mantienen un gran vínculo a través del cual nos damos fuerzas para seguir luchando por la dignidad de nuestras víctimas. También he conocido a muchos periodistas, asociaciones, personas sin ánimo de lucro que se unen a nuestra causa, y ahora, una gran mayoría, grandes amigos. Quiero aprovechar este apartado para dar gracias a todos los que nos han ayudado, a los que siguen caminando a nuestro lado. Me gustaría nombrarlos a todos, pero necesitaría solo un libro para ello. Y, por supuesto, gracias a los que se sumarán.